EDITION **Leid**faden
Hrsg. von Monika Müller

Willy Peter Müller

Trauer in Träumen

Traumbilder können helfen und heilen

Vandenhoeck & Ruprecht

Bibliografische Information der Deutschen Nationalbibliothek
Die Deutsche Nationalbibliothek verzeichnet diese Publikation in der
Deutschen Nationalbibliografie; detaillierte bibliografische Daten sind
im Internet über http://dnb.d-nb.de abrufbar.

ISBN 978-3-525-40236-8
ISBN 978-3-647-40236-9 (E-Book)

Umschlagabbildung: kathrin_hb/photocase.com

© 2014, Vandenhoeck & Ruprecht GmbH & Co. KG, Göttingen /
Vandenhoeck & Ruprecht LLC, Bristol, CT, U.S.A.
www.v-r.de
Alle Rechte vorbehalten. Das Werk und seine Teile sind urheberrechtlich
geschützt. Jede Verwertung in anderen als den gesetzlich zugelassenen Fällen
bedarf der vorherigen schriftlichen Einwilligung des Verlages.
Printed in Germany.

Satz: SchwabScantechnik, Göttingen
Umschlag: SchwabScantechnik, Göttingen
Druck und Bindung: ⊕ Hubert & Co., Göttingen

Gedruckt auf alterungsbeständigem Papier.

Inhalt

**Über das Trauern und über das Träumen –
Trauer hat Grund** 9

**Was ist der Traum? Die Antipoden Sigmund Freud
und Carl Gustav Jung** 15
Sigmund Freuds Traumdeutung 15
Carl Gustav Jungs Traumtheorie 21

**Praktische Traumbeispiele: Verschiedene Trauergründe
und unterschiedliche Trauerreaktionen** 28
Weltschmerz – Gerhart Hauptmann und
Ralph Waldo Emerson 28
Unglückliche Liebe – Bettina von Arnim und J. W. Goethe
Werbung und Missverständnis 30
Drei Varianten des Trauerns, der Trauergründe –
Das Traumsymbol »Tod« 33
Eingesperrt und ausgesperrt – Heinrich Heine und
Carl Spitteler 37
Kollektive Trauer – Der Untergang der Indianer 41
Das alleingelassene Kind trauert 44
Endloses Weinen und Gold – Kontakt mit dem Toten 49
Tod eines Kindes – Friedrich Nietzsche 55
Trauer um Ungelebtes – Hausfrau und Beruf 60

Trauer über das Leid eines Angehörigen – Machtlosigkeit bei Demenz 66

Trauer, Sehnsucht und Verzicht 69

Krebs: »Tief deprimiert« – bitter ist's, zu gehen Botschaften aus der Tiefe der Seele 73

Ein neuer Platz für den Verstorbenen 77

Wie gehe ich sinnvoll mit einem Traum um? Sieben goldene Regeln für die Praxis des Trauerbegleiters 79

Träume erinnern und erzählen – Die REM-Phasen 79

Methodenvielfalt – Subjektstufige und objektstufige Traumdeutung 84

Annäherung ans Symbol – Den Freud'schen oder den Jung'schen Weg wählen? 87

Die Methode der Stellvertretung 91

Traumquellen – Fakten, Symbole, Komplexe 93

Die verschiedenen Traumsorten und Trauminhalte 98

Der Albtraum und das Traumfinale 105

Archetypen-Lexikon zu den Themen Trauer, Verlust, Schmerz, Zusammenleben 109

Schlusswort 124

Literatur 125

*»Ein unverstandener Traum bleibt bloßes Ereignis,
aber das Verstehen macht ihn zum Erlebnis«*
(C. G. Jung, 1971, S. 97).

Über das Trauern und über das Träumen – Trauer hat Grund

Trauer beruht auf Leid, Weh und Schmerzen, die Menschen erdulden müssen. Dazu gehören Scheitern, Frustration, Verlust. Die Schmerzen können seelischer oder körperlicher oder sozialer Art (zum Beispiel eine Ablehnungserfahrung) sein. Trauer gehört zu den Affekten, zu den allgemein menschlichen Automatismen emotionalen Verhaltens. Die Fähigkeit zum Trauern und der Ausbruch der Trauer sind wie angeboren, daher kann man psychologisch Trauern als ein normales, gesundes Verhalten bezeichnen. In solchen Reaktionsweisen oder Verhaltensmustern liegt die mögliche Störung nur im Unmaß, also im Zuviel oder Zuwenig.

Die Psychologie der *transitions* (Übergänge) beobachtet, dass Trauer übersprungen werden kann. Der Prozess der Veränderung, der Weg »über die Straße oder den Fluss« der Trauer, wird dann nicht durchlebt (Bridges, 2004). Trauerphasen, die unterdrückt oder vermieden werden, verlängern sich in der Regel. Das Trauern wird chronisch, es kann sich auf Ersatzobjekte, auf Ersatzvorfälle verschieben. Wenn sehr schweres, überraschendes oder als absurd empfundenes Leid eintritt, kann es einer Art Bewusstlosigkeit anheimfallen, so dass Leid nicht eigentlich wahrgenommen, sondern verdrängt wird. Das Leid wird nicht akzeptiert oder seine Dimension ist zu groß. Dann spricht man von einem *Trauma* (altgriechisch für Verletzung jeglicher Art, heute medizinische und psychologische Wunde).

Solches Leid, das weit im Vergessen zu sein scheint, führt im Unbewussten ein enorm starkes Eigenleben, ist eine eingekapselte Trauer, zugleich eine Trauma-Explosionsenergie, die bei einem

Auslöser unbeherrschbar an die Oberfläche springt. Das kann sich zum Beispiel als Panikattacke zeigen. Die Abwehr und Nichtakzeptanz des Leids kann sich auch so zeigen: »Dies Sträuben kann so intensiv sein, dass eine Abwendung von der Realität und ein Festhalten des Objekts durch eine halluzinatorische Wunschpsychose zustande kommt« (Freud, 1917/1992, S. 174 f.). Der Mensch kann in beiden Fällen kognitiv oder willensmäßig wenig eingreifen. Das Unbewusste mit seinen Traumata oder unrealistischen Wunschvorstellungen siegt meist.

Der Traum aber geht das Unbewusste mit seinen eigenen Mitteln an, mit den affinen Bildern und Inhalten des Unbewussten. Die kognitive Kausalkette sowohl für das Entstehen als auch für das Hochkommen eines Traumas, und generell für manche nicht beherrschbare Trauer, ist oft nicht greifbar. Das heißt aber nicht, dass es keine Gründe für Traumata, Panik, Angst, Furcht, Trauer gäbe; mögen sie unsichtbar sein, sie sind konkreter, als man denkt. Träume decken das Geheimnis – tendenziell in Symbolsprache – auf.

C. G. Jung hat darauf hingewiesen, dass der Arzt Krankheiten als Heilungsversuche lesen sollte. Auch Neurosen und Depressionen sind nach ihm eigentlich ein Stück wertvoller Seele, wenn auch vielleicht unentwickelt, fehlgeleitet, übertrieben oder kompensatorisch. Wie der Kranke hat auch der Trauernde ein Recht darauf, ernst genommen zu werden. Sein eher verquerer Heilungsversuch soll anerkannt und gewürdigt werden und sein Umfeld (Trauerbegleiter oder Freund) ihm unterstellen und zugestehen, dass er Grund hat für die Trauer.

Träume und Trauer, beides Produktionen des Unbewussten, haben die Gemeinsamkeit, dass sie zuletzt auf Fakten beruhen. Beide haben handfeste Gründe und sind keine Halluzinationen oder nervöse Einbildungen – obgleich ihnen vom Uneinsichtigen konkrete Gründe oft abgesprochen werden. »Träume sind unparteiisch, der Willkür des Bewusstseins entzogene, spontane Produkte der unbewussten Seele und deshalb von unverfälschter, natürlicher Wahrheit« (Jung, 1971, S. 79). Jung fügt an ähnlichen Stellen seines Werks verschiedentlich hinzu: »Die Natur irrt nicht« (S. 94). Wie der Träumende hat auch der Trauernde zuerst einmal Anspruch auf das Feedback, dass er nicht irrt. Furcht, Phobie, generalisierte Angst und übermäßige Trauer haben einen Grund, eine Ur- und Erstcausa. »Endogen« wäre eine fatale Diagnose.

Bei der Depression haben wir die Standarddiagnosen: bipolare Depression, reaktive Depression und endogene Depression. »Endogen« ist ein Behelfswort und sagt nichts aus (außer, dass der Arzt keinen Grund findet). Von innen, wie aus dem Nichts, kommt nichts. Es fehlt nur für die bewusste Ratio die Kausalkette (Aitiologie), bei Depression noch öfter als bei Trauer. Depression kann chronisch gewordene Trauer sein. Liegen die Gründe im Unbewussten, im Verdrängten, in der vorsprachlichen Kindheit, im Geburtstrauma, im Mutterverlust? Formen von Mutter-Kind-Trennung schädigen die Seele immer. Eine desolate Erstbindung zur Mutter, ob man sie je nach psychologischer Schule ins erste Lebensjahr setzt oder in die ersten drei Jahre oder in die pränatale Zeit, wirkt zerstörerisch; sie hat Folgen, und gerade die Gründe für diese Folgen sind fast nie greifbar. Im Sinne der Systemischen Familienpsychologie können sogar Traumata, Tabus, Verdrängungen oder große Trauer (scheinbar grundloser Art) aus der Clangeschichte nachwirken, das heißt im späteren Indexpatienten, der den Komplex übernommen hat.

Angst hat Grund, Depression hat Grund, Trauer hat Grund, und besonders Träume haben Grund. Und Träume haben die hervorragende Funktion, unbewusste und unbekannte Gründe für Trauer aufzudecken. Der Traum antwortet auf die Frage: »Um was genau trauere ich eigentlich?« – und zwar antwortet er nicht selten überraschend. Die Korrektur des festgefahrenen Bewusstseins, ob willkommen oder unangenehm, die Korrektur der einseitigen und verdrängenden kognitiven Gedankenwelt ist der Traum. Er liefert Wahrheiten über Gründe, er liefert Grade von Heilung und von Lösung. Er desillusioniert und zeigt die Entstehungsgeschichte. August Wilhelm Hegel definiert zu der Frage »Wer, was bin ich zurzeit, welchen Wesens bin ich?«: »Wesen ist, was gewesen ist.« Das heißt, unser augenblicklicher Status, ob Körper, Leben, Trauer,

Angst, Liebe betreffend, unser Wesen, beruht auf der Vorgeschichte (vielfach im Traum gezeigt), nicht auf nichts. Trauer hat Grund.

Trauer wäre beendbar oder vermeidbar, wenn wir nicht stark engagiert, verstrickt, berührt wären mit den Personen, Geschehnissen, Dingen um uns. Die Ataraxia (das Nicht-berührt-Sein, die Enthaltsamkeit) nach Sokrates, die Nichtanhaftung (nach Buddha) oder die Stoiker-Schule, zum Beispiel Epiktet, empfehlen deshalb die Haltung, sich mit nichts zu identifizieren. Trauer wegen etwas, Trauer um etwas entfiele bei absoluter Nichtanhaftung. Es war Buddhas Hauptziel, dem Menschen Wege aus dem Leid (aufgrund dessen man ja trauert) zu zeigen, nachdem er zuerst klarmachte, dass die Welt aus Leid besteht (allerdings nur bei Anhaftung und Werdensdurst). Auch Christus empfahl als Lösung, die Welt als materielle äußerst gering zu achten.

Die subtilste Form der Anhaftung (und Illusion) ist die Ich-Anhaftung. So wie man sagt, »Erleuchtung geschieht ohne *Ich*«, so verlöscht auch Trauer ohne ein Ich. Da wird ein Weg angedeutet ... Aber es wird in diesem Buch davon ausgegangen, dass wir unser Ich weiterhin haben und halten wollen. Als Kompromisslösung bietet sich an, sich auf die Veränderungen und die Verluste, die das Ich ständig erlebt, einzustellen, eine vorsichtige, moderate Form der Nichtanhaftung zu leben. So wie Epiktet sagt: Alles ist »geliehen«. Oder: *memento mori* – denke immer ans Sterben; kalkuliere den Totalverlust weise ein. Oder es empfiehlt sich folgende Lebenshaltung zu erwerben, als Generalisierung: »abschiedlich leben« (Verena Kast), »abschiedliche Existenz« (Wilhelm Weischedel), »nomadische Lebensform« (Ingrid Riedel). Zum Thema Trauer sind dies Ratschläge zur Vorbeugung.

Der Umgang mit Trauer zeigt Reaktionsformen, die auch sonst in der menschlichen Psyche gelebt werden. Unter ihnen sind die üblichen Abwehrformen, welche die Trauerarbeit verlängern und erschweren können. Vor allem in diesem Fall greifen Träume helfend, lindernd ein; hier kann man Träume ideal nutzen. Beispiele für Abwehrformen sind Verleugnung, Projektion, Intellektualisierung, Bagatellisierung, Verschiebungen, Post-Idealisierung, Rückzug/Isolierung (Introversion), Aggression, Schuldzuweisungen, Verwechslungen, Pseudovergessen, Autoaggression, Sublimierung, Humorisierung, Depression. Träume zeigen die Trauerreaktionen eines Klienten ungeschönt und unabgewehrt, also in diesem Sinne wahr und wahrhaftig. Während das Ich-Bewusstsein gern manipuliert und verdrängt, nämlich die Wahrheit einem Ego-Ziel unterordnet, ist es der große Wert des Traums, das Unverfälschte zu zeigen. Jung drückt es so aus: »Das Ich-Bewusstsein besteht aus lauter Einschränkungen« (Jung, 1971, S. 77).

Der Traum liefert einen Beitrag zur Authentizität, zum Mit-sich-selbst-identisch-Sein. So hilft Traumbeobachtung bei der Trauerarbeit. Der Traum zeigt neutral, unbeeindruckt und objektiv, wie und um was getrauert wird. Dies tut er vorzugsweise in Bildern, Gleichnissen, Parabeln, Metaphern, also in Symbolen, da die Bildersprache die genuine Sprache des Unbewussten ist. Die anspruchsvolle Kunst der Traumdeutung muss also die Trauerarbeit mit der Traumbeobachtung begleiten. Der Traum korrigiert unadäquate Trauerbewältigungsformen. Wird er verstanden, führt er zu Wissen, Einsicht, Abstand. Durch ein Wiederholen, durch erneutes Durchgehen und Bewusstmachung kann Schmerz reduziert werden. Es kann eine Sinneinordnung erfolgen, es gibt eine Chance zur Akzeptanz. Wahrhaftiger und authentischer sein schenkt ein Plus an Heilung, kein Minus. Wer sich mit Träumen beschäftigt, muss die außerordentliche Bedeutung des Unbewussten für die menschliche Psyche, nicht zuletzt im Trauerfall, anerkennen, sonst ist es nicht zielführend.

Was dem Bewusstsein in seiner Reflexion über die traurige Lage oder über den Trauergrund fehlt, bringt das Unbewusste über den Traum bei. Dabei ist der Traum für Sigmund Freud das Mittel der besten Wahl. Die aktuelle Bewusstseinslage und der spontane Kenntnisstand des Unbewussten (als Traum) sind die zwei sich ergänzenden, gleichberechtigten Komponenten, die über die Trauer und über den Trauernden Auskunft geben.

Zur Traumpsychologie gehört der Anspruch, dass der Trauminterpret sich auf dem intellektuellen Niveau, auf dem Einsichtslevel befindet, den der Traum schon hat. Es kommt nicht selten vor, dass der Traum antizipiert, schon »weiter« ist als das nachhinkende Bewusstsein. Deshalb muss der Traumdeuter fähig sein, sich vom Traum belehren zu lassen; das erfordert für den Trauerbegleiter, sich bescheiden zurücknehmen zu können. »Der Traum rektifiziert die Situation. Er bringt das bei, was auch noch dazugehört, und verbessert dadurch die Einstellung. Dies ist der Grund, warum wir bei unserer Therapie der Traumanalyse bedürfen« (Jung, 1971, S. 81). Und dies, so ergänzen wir, ist auch der Grund, warum wir bei unserer Trauerbegleitung der Traumanalyse bedürfen. Außerdem werden im Traum Lösungen aus dem alternativen Sprachrohr des Unbewussten angedacht, vor- und durchgespielt. Bewusstgemacht, bieten sie dem Trauernden wertvolle Optionen. Jung drückt das poetisch aus: »Träume enthalten Witterungen von Möglichkeiten« (S. 92).

Was ist der Traum? Die Antipoden Sigmund Freud und Carl Gustav Jung

Sigmund Freuds Traumdeutung

Die zwei Traumtheorien, die die größte Verbreitung und größte wissenschaftliche Anerkennung gefunden haben, stammen von Sigmund Freud und von Carl Gustav Jung. Freud wurde 1856 in Freiberg/Mähren, in der damaligen österreichischen k. u. k.-Monarchie, geboren und starb 1939 im Londoner Exil, mit Hilfe der Spritze eines befreundeten Arztes. Er begründete und vertrat die psychologische Schule der *Psychoanalyse*. Seine große historische Leistung war, dass er die Bedeutung des Unbewussten entdeckte, in dem Sinn, dass das Unbewusste der eigentliche Motivator unserer Handlungen ist und dass die aufgesetzten Begründungen, das heißt unsere üblichen sekundären logischen Bearbeitungen, zu vernachlässigen sind.

Freud studierte Medizin in Wien, interessierte sich aber bald für seelische Erkrankungen ohne organischen Befund; auch für Hypnose. Er war psychotherapeutisch tätig als Nervenarzt in Wien. Im Jahr 1900 erscheint eines seiner wichtigen Werke: »Die Traumdeutung«. 1902 wurde Freud Professor für Neuropathologie an der Universität Wien. Seine Schriften befassen sich mit der Analyse des Seelischen, bevorzugt mit den Produktionen des Unbewussten, sowie mit weitreichenden kulturgeschichtlichen Fragen.

Die väterliche Familie war vor Jahrhunderten von Köln fern in den Osten gezogen und zuletzt in Mitteleuropa sesshaft geworden. Sigmund wuchs als Kind in einer deutschsprachigen jüdischen Gemeinde inmitten tschechischer Umgebung auf. Er fühlte sich von Darwin angezogen, war ein klassisches Kind seiner Zeit, insofern er im damals fortschrittlich gedachten Sinne Materialist war, also weder an Gott noch an ein Weiterleben nach dem Tod glaubte. Später jedoch äußerte Freud brieflich, dass er, wenn er es noch mal entscheiden könnte, Parapsychologie anstatt Psychologie studieren würde. Tendenziell unspirituell, spricht er vom »psychischen Apparat« anstatt von der Seele. Vom Trieb, nicht von der Vernunft, sei der Mensch motiviert, so dachte Freud, und das hatte Berührungspunkte zum Beispiel mit Schopenhauers und Nietzsches Philosophie. Religion sei infantile Abhängigkeit von der Vaterfigur.

Wichtige Themen von Freuds Lehre sind:
- die Neurosenlehre als die Umsetzung von seelischen Befindlichkeiten, von unbewussten Traumata in körperliche Symptome,
- der Ödipuskomplex,
- die Konfliktsituation zwischen Es und Über-Ich, mit der beabsichtigten Stärkung des dazwischen vermittelnden Ichs als Heilung,
- Theorien über Ängste und Zwangsverhalten,
- die Lehre vom Thanatostrieb, von der Aggression und vom Erostrieb,
- die Konflikte zwischen Realitäts- und Luststreben,
- die Verdrängungslehre,
- die starke Betonung der frühkindlichen Zeit als ursächlich für spätere seelische Probleme,
- die Traumlehre.

Für Sigmund Freud ist der Traum die *via regia*, also der Königs- und bevorzugte Weg zum Unbewussten. Sein Verständnis des Traums hängt in hohem Maße von seiner sonstigen, generellen Auffassung des Psychischen ab: Demnach besteht die Seele aus dem Über-Ich, dem Ich und dem Es. Das Über-Ich entspricht dem Zeitgeist, der political correctness, den Lehren von Schule, Eltern und Medien. Es enthält Normen, Moralvorstellungen, Werte der Epoche oder des Elternhauses – und es orientiert sich am Realitätsprinzip (was ist, was kann, was darf sein). Entfernt ist es mit dem Weltbild, das man als Erwachsener sein Eigen nennt, das aber durchgängig aus früheren fremden Quellen stammt, und mit der Ethik und dem Gewissen identisch.

Sowohl das Über-Ich als auch das Es sind unbewusst. Das Es enthält alle Triebe, das sind biologische Naturkräfte, mit denen ein Lebewesen ohne sein Zutun versehen ist. Modern könnten wir die Triebe auch als inhärente Programmierungen bezeichnen. Außerdem finden sich im Es alle Erinnerungen, und da gilt: Nichts ist gelöscht, sondern nur vorübergehend vergessen oder verdrängt. Bewusste Erinnerung beginnt etwa ab dem dritten Lebensjahr. Aber auch alles Frühere ist gespeichert und wirkt, und zwar je unbewusster und je früher, umso stärker.

Die Abspeicherung im Gedächtnis oder als Gedächtnis ist systematisch nach Ähnlichkeitskernen und Assoziationsbrücken vor sich gegangen. Das bedeutet: Alles, was zu *Kuh* passt, und alles, was zu *Frau mit rotem Pullover* passt, und alles, was mit *Todesangst* zu tun hat, und alles, was zu *Turm* passt, ist jeweils zusammen abgespeichert. Das Gedächtnis ist also nicht ungeordnet. Dieser Aspekt ist für die Traumproduktion und für die Traumdeutung per Assoziationskette sehr wichtig.

Außerdem befinden sich im Es alle Frustrationen, Traumata und Verdrängungen. Das Ich, der einzige bewusste Psycheteil, interagiert mit dem Jetzt und mit dem Du. Und es vermittelt zwischen den Ansprüchen des Über-Ichs und des Es, die oft in großen Spannungen zueinander stehen. Ich-Stärkung ist in solchen Fällen ein Freud'sches Therapieziel und Heilungschance.

Zwei wichtige Aspekte zum Freud'schen Seelen- und Traummodell sind diese: Aus der Lebensgeschichte und aus jedem Vortag sind unerledigte Reste übrig geblieben, zum Beispiel Frust, Wut, Angst, Gier. Diese bilden unbewusste Wünsche auf dem Seelengrund. Sie nehmen jede Gelegenheit wahr, sich durch Übertragung auf aktuelle ähnliche Ereignisse zu lagern, um per Ersatzbefriedigung oder wenigstens per Symbolisierungserscheinung manifester zu werden und ihrer Erfüllung näher zu kommen. Ganz besonders gern agieren so die unbewussten Wünsche – sie sind energiereich – im Traum oder durch den Traum.

Die nächste wesentliche Frage sowohl für das Seelenverständnis wie für das Traumverständnis ist: Woraus mögen die unerledigten Wünsche bestehen? Eine schnelle Antwort, im Sinne Freuds, würde lauten: aus Sex, Aggression, Tod, Angst und Tabus. Dem kann man, mit Vorbehalt, zustimmen: Viele Träume behandeln solches.

Die Hauptantwort liegt aber in Freuds zentraler These, dass die sexuelle Libido überlagernd alles bestimmt. Freud hat sich die Frage gestellt, ob es eine einzige Motivation gebe, die alle anderen Motivierungen zusammenfasst und färbt. Das ist die Faust'sche Frage nach der Ein- und der Urcausa. Dabei stieß Freud auf die Kundalini-Schlange namens Eros. Den *Erostrieb* (nicht einen »Leben« oder »Bios« genannten Trieb) stellte er dem Todes-, Aggressions-, Destruktionstrieb, dem *Thanatostrieb* gegenüber. Die Konsequenz dieser Theorie ist groß, denn daraus ergibt sich logisch, dass die meisten Verdrängungen und Frustrationen und unbewussten Wünsche und eben besonders die Trauminhalte letztlich sexueller Natur sind. Freuds Verdienst ist es, viele Neurosen, Ersatzaktivitäten, Lügen und Aggressionen, auch Kunst- wie Kulturleistungen mit sexuellen Problemen und Trieben in Verbindung zu bringen, sie dadurch zu erhellen. Aber man kann unschwer auch andere Hauptmotivationen des Lebens finden, etwa das Thema Tod-oder-Leben, den Machttrieb, den Hungertrieb, den Sinn, den Willen, das Ego oder gar eine höhere Aufgabe, auch das Lernen, die Liebe, vielleicht das Schicksal oder das Karma, eventuell sogar Gott. Wenn Freud das allgemein gefasste Lustprinzip oder den Überlebenstrieb als Hauptmotivation genannt hätte, hätte man leichter zustimmen können – aber er beharrte sehr eng und strikt auf der sexuellen Libido, auf seiner Sexuallehre. Hier wenden sich manche Forscher ab, so auch C. G. Jung mit seiner deutlich anderen Traumlehre.

Die Traumquelle ergibt sich nach Freud wie folgt: Energiebesetztes Material aus der »Tagesarbeit« ist übrig geblieben. Es verbindet sich mit ähnlichen (manchmal auch irrtümlich ähnlich erscheinenden) alten unerledigten Themen. Schwerwiegende Wünsche drängen nun ins Bild, ins Symbol, in den Schlaf, in den Traum, zum Beispiel Wut, Sex, Töten, Omnipotenzstreben. Durch die Übertragung auf das »rezente Material«, sozusagen im Vorbewussten, sind die alten Wünsche schon etwas kaschiert. Bevor der Schläfer wach werden könnte und eventuell vor sich selbst erschrecken könnte, greift zusätzlich die *Zensur* ein: das Über-Ich, das bestimmt, was sein darf, und dieses entstellt den Trauminhalt noch mehr. Nebenbei läuft, genial entdeckt, die Traumkomprimierung ab. Das heißt, ein neuerliches Ablehnungserlebnis ruft beispielsweise alle früheren, ähnlich erscheinenden Ablehnungserlebnisse wach, besonders die ersten. So werden zahlreiche verwandte (Lebens-)Ereignisse unbewusst auf einen Hauptnenner gebracht. Das Ergebnis ist, dass der große, echte, gegebenenfalls tabuisierte, eigentliche und ungeschönte Wunsch nicht mehr zu erkennen ist. Das Kernthema, um das es geht, ist so bearbeitet, entstellt, verdrängt, verharmlost, zensiert, komprimiert und übertragen, dass nur noch eine kuriose Fantasy-Geschichte als Traum übrig bleibt. Und niemand weiß nun, ob es in dem Traum um einen Fernsehfilm von gestern geht, um ein Geräusch in der Nacht oder um ein Trauma aus dem dritten Lebensjahr. Freud glaubte, dass diese Entstellung und Verschiebung im Sinne des Träumers beziehungsweise Schläfers sei: der Traum als »Hüter des Schlafes«; denn die Wahrheit würde Erschrecken und Aufwachen verursachen.

Neben der Einseitigkeit der Sexualtheorie kritisieren viele Forscher, dass insbesondere ein Zensor im Unbewussten oder Traum keineswegs nachzuweisen ist. Tatsächlich ist die Zensur im Tram reine Hypothese. Die Freud'sche Psychoanalyse ist generell ein Arbeitsmodell, letztlich eine Annahme, wenn auch eine interessante, attraktive. Niemand weiß genau, was Seele oder was Geist ist. Immerhin kann man mit der Freud'schen Hypothese recht gut arbeiten, es funktionieren manche theoretischen und therapeutischen Prozesse. Auch andere psychologische Schulen, ob Gesprächstherapie oder NLP oder Psychosynthese, sind nicht mehr als nur Arbeitshypothesen. Naturwissenschaftliche Annahmen sind viel besser überprüfbar.

Nun zur Freud'schen Deutung eines Traums. Die *freie Assoziationskette* ist die bevorzugte Methode. Der Klient liegt auf der

Couch, der Therapeut fordert auf: »Was fällt Ihnen ein zu XY, zu diesem und jenem Traumsymbol?« Das möglichst unbeeinflusste Assoziieren führt zu vielen Lebensereignissen, die im Unbewussten gespeichert sind, die zu den Traummotiven passen könnten. Dann wird erfahrungsgemäß auch viel, wenigstens verschleiert, von Sex und Aggression die Rede sein, natürlich auch von frühkindlichen Traumata. Dadurch fühlt sich der Freud'sche Therapeut inhaltlich in seiner Theorie bestätigt. So wird man Wichtiges im Unbewussten finden, für Heilungsziele vielleicht relevant – ob das aber gerade im aktuellen Traum enthalten war, ist nicht sicher. Der verborgene Trauminhalt wird also durch die Einfälle des Träumers, faktisch aber stark durch die Interpretation des Therapeuten zurückübersetzt. Die individuellen Assoziationen/Besetzungen zu jedem Traummotiv sind das Wichtigste. Aus dem *manifesten* Trauminhalt wird so der *latente* Trauminhalt retour-herausgearbeitet.

Zwei Resultate der Freud'schen Traumdeutung gilt es besonders festzuhalten: Erstens erschließe sich die Bedeutung eines Symbols jeweils nur persönlich-individuell nach der Assoziation des Träumers. Das hieße, die Traumbildersprache ist subjektiv. Dass allgemeinübliche Archetypen im Unbewussten vorhanden sind, wird hier nicht berücksichtigt. Und zweitens sind nach Freud alle Träume Wunschträume, genauer Wunschanmeldungen mit Kompromiss (den Kompromiss erzwingt angeblich die Zensur). Das gilt auch für Angstträume – von denen man mit der Psychoanalyse tatsächlich einige als tabuisierte Wünsche deuten kann. Freud ist hier in seinem materialistischen Weltbild gefangen. Wahrheitsträume, Zukunftsträume, Familienträume, pränatal begründete Träume, religiöse Träume gibt es nach seiner Theorie nicht. Besonders die ungeschminkten Ist-Aufnahmen, also eine Art von Wahrheitsträumen, sind faktisch jedoch sehr häufig. Bei aller Genialität, die man besonders wegen der Entdeckungen über die Prozesse und Mechanismen bei der Traumarbeit zu würdigen hat, ist die Freud'sche Theorie hier fast tragisch eng und eingeschränkt: Es ist nicht haltbar, dass alle Träume Wunschträume seien.

Carl Gustav Jungs Traumtheorie

Der Schweizer Carl Gustav Jung lebte von 1875 bis 1961. Eine Auswahl der beruflichen Tätigkeiten: Oberarzt an einer Psychiatrischen Klinik, Privatdozent, von 1935 bis 1943 Professor an der Eidgenössischen Technischen Hochschule Zürich, dann Professor für Medizinische Psychologie an der Universität Basel. Die Familie Jung stammt ursprünglich aus Mainz. Jungs Vater und ein Großvater waren Theologen. Schon recht jung war Carl Gustav auf erkennendem und spirituellem Weg, viel lesend, später außerordentlich vielseitig gebildet. Ab 1907 gab es den persönlichen Kontakt mit Sigmund Freud; Jung war begeistert, Freud sah ihn als eine Art Kronprinzen an. Im Jahre 1913 aber trennten sich beide, als Männer/Charaktere und als Wissenschaftler. Jung wollte der Überbetonung der Sexualtheorie nicht folgen. Er nannte nun seine psychologische Schule *Analytische Psychologie* oder auch *Komplexe Psychologie.*

Jung verband psychologische Erkenntnisse mit historischen, kulturellen, literarischen, esoterischen, heidnischen Befunden: Ohne Geschichte gebe es keine (sinnvolle) Psychologie, so sein Credo. In diesem Zusammenhang unternahm er große Reisen, berührte sich stark mit indischer und chinesischer Kultur wie Religion. Viele internationale Ehrungen und Tätigkeiten zeichneten ihn aus. Mit mythologischen Themen beschäftigte er sich intensiv. 1948 erfolgte die Gründung des C.G.-Jung-Instituts in Zürich. Wie Freud erhielt auch Jung einen Literaturpreis. Wegen der breiten humanistischen, fremdsprachlichen, kulturgeografischen Bildung und entsprechender Begriffe ist Jung selbst nicht einfach zu lesen, ohne Latein- und Griechischkenntnisse beginnt man vielleicht besser mit Büchern seiner Mitarbeiterinnen.

Wesentliche Inhalte der Jung'schen Lehre seien kurz zusammengefasst: Bewusstes und Unbewusstes stehen in kompensatorischem Verhältnis zueinander. Das Unbewusste, meist weiser, korrigiert das Bewusstsein. Wir Menschen kommen psychisch nicht als leeres, unbeschriebenes Blatt auf die Welt, sondern es gibt Inhalte a priori, im *kollektiven Unbewussten,* als Muster und *Archetypen,* die

Symbolen vergleichbar sind, das heißt, die Seele ist keinesfalls nur individuell. Die optimale Entwicklung eines Menschen sollte vom Ich zum Selbst gehen, das ist ein Weg der *Individuation,* der Verdrängtes, Unbewusstes, Inferiores integriert (eine Ganzwerdung). Der *Schatten* eines Menschen, in gleichgeschlechtlicher Gestalt auftauchend, sollte dabei als Projektion zurückgenommen werden. Der Mann hat ein weibliches Unbewusstes *(Anima),* die Frau ein männliches Unbewusstes *(Animus).* Märchen, Mythen, Traum, Literatur, Alchemie, Religion, Unbewusstes, Kunst arbeiten mit der gleichen Symbolsprache, und diese ist in der Welt und zu allen Zeiten, im weitgefassten Sinne jedenfalls, gleich, also kollektiv.

Die Sprache des Unbewussten ist die Bildersprache. Zwischen Kausalität und blindem Zufall gibt es noch die Kategorie der *Synchronizität* (geheime Ordnung hinter dem Chaos). Die Seele ist im Prinzip unsterblich und in ihrer tiefsten Schicht findet sich das Göttliche (welches ein Archetyp des Selbst ist). Das Bewusstsein trennt – im tiefsten Unbewussten jedoch ist der Mensch noch Einheit. Jede Krankheit, auch die Neurose, ist ein missglückter Heilungsversuch. Die Charakterkunde muss polar denken, das heißt, der Angeber hat den größten Minderwertigkeitskomplex oder der Aggressivste ist der Ängstlichste. Entwurzelungen und Traditionszerstörungen neurotisieren die Massen (auch ein Volk kann psychisch krank werden). Ist ein Tatbestand nicht bewusst, sondern verdrängt, ereignet er sich oft als Schicksal von außen. Die Menschen sind tendenziell Instrumente des Schicksals.

Wie bei der Freud'schen Traumtheorie schauen wir uns auch bei C. G. Jung zuerst das grundsätzliche Seelenmodell an: Die Seele kann als Kugel aufgefasst werden, auf der ein kleiner Oberflächenfleck das Bewusstsein (englisch *mind,* lateinisch *mens*) darstellt. Sehr groß ist der unbewusste Teil, der aus einem kleiner zu denkenden persönlichen, jeweils individuellen Unbewussten und aus dem kollektiven Unbewussten besteht. Das Bewusstsein ist ein Spätprodukt (der Evolution), Leben funktioniert auch ohne es, es ist quasi vom Unbewussten kreiert und auch abhängig von ihm. Der Seelengrund ist, wie schon die Griechen sagten, *apeiron,* das heißt unabgeschlossen und endlos. Im uferlosen, grenzlosen, offenen Ende der Seele berührt man sich mit allen anderen Seelen, das heißt mit den Tiefenschichten anderer Subjekte, die ein Unbewusstsein haben. Hier herrschen Kontakt und Austausch, hilfsweise zu bezeichnen als Telepathie, Komplexwanderungen, Übertragungen. In diesem Bereich kann die Mutter parallel und aktuell zutreffend träumen, dass es ihrer Tochter in einem fremden Land schlecht geht, oder der in der Ferne fallende Soldat verabschiedet sich im Traum von seiner Frau oder er lässt die Uhr in deren Schlafzimmer stehen bleiben. In der tiefsten Schicht finden auch Erleuchtungen und Visionen statt.

Das persönliche Unbewusste hat alle Erfahrungen des Individuums gespeichert, nicht nur ab der Geburt, sondern auch pränatale Erfahrungen. Die Inhalte des kollektiven Unbewussten sind Denk-, Reaktions-, Fühlmuster, Anordnungssysteme, Erfahrungsgitter, Erlebnissummen, Grundtypen von Erkenntnissen in Symbolform, sind Kraftbilder, Traditionen, Psychostrukturen, Patterns, die allen Lebewesen dieser Art gleich sind. Sie sind Erz-Typen, das heißt Archetypen (griechisch *typos* = Bild, Typus). Die Qualität selbst ist nicht mit dem greifbaren Archetyp zu verwechseln. Der ist nämlich die Form des Auftretens der Qualität. Aber dieser Unterschied ist hier vernachlässigbar. Er meint, dass die Qualitas *Mutter* nicht dasselbe ist wie ihr Auftreten als Kuh, Baum, Höhle, Großmutter und so weiter.

Jung vermied es, die Archetypen als Erbe zu bezeichnen – doch weit vom Vererbungsphänomen entfernt sind sie nicht. Rupert Sheldrake (1983) würde die Archetypen als Informationen im Gedächtnis der Art bezeichnen, als Inhalte des morphogenetischen Feldes. Sie mögen das Resümee darstellen von den millionenfachen gleichen Erfahrungen einer großen Zahl von Vorfahren. Sie sind Sippschafts- und Familienwissen, auch allgemeines Evolutionswissen, das tradiert oder unsichtbar telepathisch weitergegeben wird. Die Erklärung ist schwierig, jedenfalls im naturwissenschaftlichen Sinne – doch die Tatsache, dass man mit diesen Vorinformationen auf die Welt kommt, ist ziemlich sicher und gesichert.

Vergleichbar sind diese psychischen, unwillkürlichen, kollektiven Fühl- und Verhaltensmuster den Instinkten in der Biologie, die körperlichen Reaktionsmustern, die ebenfalls vorgegeben sind, entsprechen. Es gibt sowohl mentale als auch somatische Urmuster a priori. Bezeichnen wir sie als Menschheitsbesitz aus der Evolutionsgeschichte. Man schreit auf die gleiche Weise, allen Menschen macht das Dunkle ähnlich Angst, alle Menschen reagieren relativ gleich beziehungsweise ähnlich auf das Kindchenschema oder auf die Farbe Rot oder auf bestimmte Filmszenen oder auf den Trick »sex sells« oder auf das Gesicht eines Autos oder auf eine Spinne. Beispielsweise sind das Muttergefühl oder die entsprechenden Mutterassoziationen im Grunde identisch bei allen Menschen. So wie Vögel Nester bauen können und Katzen Mäuse fangen können, ohne es von den Eltern gelernt zu haben – es ist wie vererbt. Die Bilder, um diese Erfahrungs-Kristallisationsgitter auszudrücken, sind unter den Menschen gleich; sie sind Symbole und sie sind kollektiv.

Ein wenig Wandel gibt es in diesem kollektiven, feststehenden Bereich allerdings auch, zum Beispiel wenn Zug und Auto im Laufe der Zeit zu den alten Archetypen wie Frosch oder Baum oder Feuer hinzukommen. Diese Archetypen sind die Hauptsymbolsprache jedes Traums und die wichtigste Übersetzungshilfe. Wer etwa alle Archetypen kennte, ob nun Taube oder Falke oder Löwe oder Bär, könnte im Prinzip jeden Traum deuten.

Wie wird ein Traum produziert oder konstruiert? Als Traumauslöser kommen Tagesereignisse, große Lebenslinien oder partielle Schicksalselemente in Frage, gern Bedrängendes, Unerledigtes, das nach Bearbeitung ruft. Insbesondere gibt es einen Traumantrieb dann, wenn das Bewusstsein sich festgefahren hat, in Einseitigkeit, Verstiegenheit, und wenn es unbedingt belehrt, »korrigiert« werden müsste, und zwar vom komplementären Unbewussten, das meistens klüger, objektiver ist und seiner Zeit gern voraus. Ein Traumdeuter muss möglichst auf der Höhe, der Intelligenzstufe des weiseren, fortgeschritteneren Unbewussten sein – was nicht einfach ist. Es empfiehlt sich, pietätvoll und demütig dem Traum zuzuhören, anstatt mit seiner Ratio in Besserwisserei zu verfallen.

Nach Jung sind Träume ungeschminkte Wahrheits-, Bestandsaufnahmen, unmanipulierte Natur (und die Natur irrt nach seiner Meinung nicht), die genau das meinen, was sie symbolisch sagen. Nach Jung sind auch spirituelle und prognostische Träume möglich, sogar nicht selten. Aufgebaut sind sie oft ähnlich wie ein Drama, in fünf Akten. Traumauslöser und Traumquellen sind auch: das Selbst, die Anima oder der Animus, der Schatten, das Religiöse oder der Gemeingeist eines Kollektivs.

Träume sind *objektstufig* wie *subjektstufig* zu deuten. Nehmen wir als Beispiel das Auftreten andersgeschlechtlicher Personen im Traum: Jede Frau im Traum eines Mannes sollte dieser Mann, als eigener Traumdeuter, auch so verstehen und bewerten, dass sie nicht nur objektiv Frau X oder etwa seine Schwiegermutter darstellen kann, sondern auch seine eigene weibliche Seite, als Spiegelung des träumenden Subjekts, welche eventuell unbewusst, verdrängt, vernachlässigt ist. Der traumproduzierende Teil der Seele kennt alle Archetypen, die gesamte, weltumspannende Symbolsprache, ohne etwas davon in der Schule gelernt zu haben, und setzt sie genial ein. Das Unbewusste des Träumers weiß, was Einhorn und Pegasus und Orkan bedeuten, und wendet diese Archetypen in seinen Träumen an. Der Mensch kennt die im kollektiven Unbewussten verankerte Allgemeinbedeutung von *Hund,* verknüpft diese mit seinen persönlichen Erfahrungen von *Hund* (abgespeichert in seinem individuellen Unbewussten) und lässt einen entsprechenden (kombinierten, komprimierten) *Hund* im Traum auftreten. Am Ende ist nichts entstellt, zensiert (wie Freud denkt), sondern völlig authentisch.

Wenn der Traumratgeber die Bildersprache kennt sowie allgemeinpsychologische Theorien von Jung berücksichtigt, kann er seine Arbeit gut bewerkstelligen. Das schließt ein, dass er auch an den Traum glaubt und diesen nicht für eine Halluzination hält, dass er den Traum vielfach wiegt, respektvoll in seinen Händen abhandelt.

Etwas schwierig ist es, bei einem Traummotiv den kollektiven archetypischen Inhalt von der persönlichen Erfahrung des Träumers zu trennen. Also es gilt auseinanderzudividieren: Inwieweit ist zum Beispiel *Hund* hier Seelenführer, Mann, Hüter der Schwelle, Intuition, Aggression, Gier, Geilheit, Treue (so etwa das Kollektive) und inwieweit müssen dagegen die gegebenenfalls alternativen Kindheitserlebnisse des Träumers mit *Hund* bei der Deutung berücksichtigt werden. Diese Schwierigkeit zu meistern macht die Kunst der Jung'schen Traumdeutung aus.

Die zweite Schwierigkeit oder Aufgabe ist es, wenigstens die wichtigsten Archetypen zu kennen. Zum Letzteren war Jung befähigt, weil er wusste, welche Symbole verwendet werden etwa im I Ging oder in der Kunst der Alchemie – kurzum, weil Jung enorm viel Historisches, Kulturelles kannte und Vergleiche ziehen konnte, mehr noch, das enorm Übereinstimmende in der Welt, in der Geschichte, in den Seelen erkennen konnte. Wenn man die Bedeutung des Individuellen zugunsten der Betonung des Kollektiven mindert, quasi herunter-zont, bei der Übersetzung der Archetypen, mag das gegen die Eitelkeit des Menschen gehen.

Wie Freud wird man auch C. G. Jung eine gewisse intuitive Genialität nicht absprechen können, besonders bei der Erfassung und Interpretation eines Archetyps. Doch jeder Mensch kann sich ein Symbolwissen durch Erfahrung und Lernen aneignen. Jung erkannte, dass das Unbewusste sehr weise, numinos sein kann, dass Träume auch manchmal göttliche Wahrheiten mitteilen, dass Erleuchtung und Visionen grundsätzlich möglich sind, abgesehen von den psychologischen, aktuellen Botschaften der Träume. Er analysierte 80.000 Träume.

»Der Traum ist eine kleine verborgene Tür im Innersten und Intimsten der Seele, welche sich in jene kosmische Urnacht öffnet, die Seele war, als es noch längst kein Ichbewußtsein gab, und welche Seele sein wird, weit über das hinaus, was ein Ichbewußtsein je wird erreichen können. Denn alles Ichbewußtsein ist vereinzelt, erkennt einzelnes, indem es trennt und unterscheidet, und gesehen wird nur, was sich auf dieses Ich beziehen kann. Das Ichbewußtsein besteht aus lauter Einschränkungen, auch wenn es an die fernsten Sternennebel reicht. Alles Bewußtsein trennt; im Traume aber treten wir in den tieferen, allgemeineren, wahreren, ewigeren Menschen ein, der noch im Dämmer der anfänglichen Nacht steht, wo er noch das Ganze und das Ganze in ihm war, in der unterschiedslosen, aller Ichhaftigkeit baren Natur. Aus dieser allverbindenden Tiefe stammt der Traum, und sei er noch so kindisch, noch so grotesk, noch so unmoralisch« (Jung, 1971, S. 77).

Eine der zentralen Methoden der Jung'schen Traumdeutung ist die *Amplifikation*. Jedes einzelne Traumsymbol wird amplifiziert, angereichert. Das bedeutet, dass in verwandten Produktionen des Unbewussten vergleichbare Bedeutungen für das Motiv gesucht werden. Zu Hund, Einhorn, Mond oder Apfel werden die Mythen, Märchen, Religionen, Sagen, Literaturen durchforstet und die entsprechenden Bedeutungen oder Funktionen des Motivs beziehungsweise Symbols zusammengetragen. Zu *Kuh* zum Beispiel gibt es in vielen über die Welt verstreuten Mythologien ähnliche Bedeutungen und Verwendungen und Geschichten, und so stößt man schon bald auf die Mutterqualität im Archetyp *Kuh*. Und so hat man dann ohne die Einfälle des Träumers bereits eine wichtige Spur. Mit der Amplifikation wird das Traumsymbol aus dem Schatz der gesamten Weltgeschichte, soweit man sie kennt, mit Inhalt und Bedeutung gefüllt. Ersatzweise schlägt der Traumratgeber oder der Trauerbegleiter in mehreren Symbollexika nach (zum Beispiel Cooper, 2004; Müller, 2012).

Praktische Traumbeispiele: Verschiedene Trauergründe und unterschiedliche Trauerreaktionen

Weltschmerz – Gerhart Hauptmann und Ralph Waldo Emerson

Der schlesische Dichter Gerhart Hauptmann (1862–1945) träumt:

»Einmal dann gegen Morgen hatte ich einen kosmischen Traum. Es waren Größenverhältnisse der allerungeheuersten Art, die mir dabei anschaulich wurden. Nicht weniger sah ich als die im Raume rollende Weltkugel. Ich selber aber war hoffnungslos wie ein schwindelndes, todgeweihtes minimales Leben daran geklebt, jeden Augenblick in Gefahr, in unendliche Räume abzustürzen« (zitiert in Kiessig, 1976, S. 111).

Dem Menschen bleibt seine Vergänglichkeit nicht verborgen, mag das Wissen um den Tod bewusst oder unbewusst sein. Das Leben wird vom *Gevatter Tod* ständig begleitet. Daher gibt es biologisch oder materiell oder *sub specie temporis* keine Angstfreiheit. Diese gäbe es nur in der Ewigkeit, *sub specie aeternitatis*. In manchen Träumen taucht auf, wie fragil, wie klein die Insel, der Moment, die Basis ist, auf der wir leben. In der Nähe von Gefahr und Krankheit wird der Inhalt auch ins Tagesbewusstsein hochgespült. Zu diesem latent immer bedrohten Zustand oder Sein kann der Mensch sagen: »Ich bin ängstlich« oder »Ich bin traurig«. Um den Menschen herum, im Weltleben, befindet sich, wie in der isländischen »Edda«, der gähnende Abgrund, die Leere oder das Chaos, das reine Nichts.

Diese *Leere* ist im Buddhismus das Eigentliche, wenn das Ich, als subtilste Form der Anhaftung und der Illusion, verlöscht ist, ist das Bleibende, das platonische *ontos on* (das wahrhaft Seiende). Dem vorübergehenden Lebewesen in Zeit und Materie aber macht die Leere Angst, denn sie ist der Gegensatz zum Subjekt, zur diesseitigen Schöpfung oder zum Ich-Willen.

Wenn man diese Realität ausnahmsweise im Traum sieht, handelt es sich, wie Gerhart Hauptmann zu Recht sagt, um einen kosmischen Traum, um eine transzendente, spirituelle Schau. Minimales Leben in »unendlichen Räumen« – das erschreckt. Es kann traurig machen. Es kann als Melancholie, Depression, Weltschmerz oder grundlose Traurigkeit begriffen oder bezeichnet werden. Es hat keinen konkreten Anlass. Es ist nur eine Hintergrundstimmung – die uns aber nie loslässt. Wir nennen sie hier Trauer über die generelle Vergänglichkeit. Diese Traurigkeit ist – neben der alternativen Aufforderung zum Leben, zum Genießen, zum Tun – stehen zu lassen und zu akzeptieren; sie ist weder behandelnswert noch löschenswert. Im Traum eines 70-jährigen Klienten wird das so dargestellt:

»Eine Weltkugel, klein wie ein Tennisball, schwebte im ungeheuren Nichts. Vielleicht war auch ich dieser Ball, umgeben von einer ungeheuren weiten Leere des Universums, als hinge ich so Kleiner in diesem ungeheuren Nichts. Wie fragil war diese kleine Manifestation von Leben inmitten des alles beherrschenden Nichts« (anonym, unveröffentlicht, 2013).

Nicht umsonst sagt Sigmund Freud, alle Ängste seien Varianten der Todesangst. Das Wissen um den Tod ist die Urquelle von Angst. Wären wir unsterblich, hätten wir keine Angst. Der amerikanische Philosoph Ralph Waldo Emerson träumte 1840, im seinem 37. Lebensjahr:

»Ich schwebte, ganz nach meinem Willen, im großen Äther, und ich sah, wie auch diese Welt nicht weit entfernt dahin trieb, aber auf die Größe eines Apfels zusammengezogen. Da nahm sie ein Engel in die Hand und brachte sie mir und sprach: ›Dies musst du essen.‹ Und ich aß die Welt« (Edinger, 1990, S. 160).

Äther war früher ein beliebter Ausdruck für die »leeren« Passagen des Universums. Auffallend, dass der Schritt, biologisch-materieller Mensch zu werden, »nach eigenem Willen« geschieht und dass ein »Engel« dabei unterstützend tätig ist (eine ähnliche Kombination wie in der Anthroposophie). Für die Menschwerdung wird im Sufismus das »Apfel-Essen« variiert durch: »Du musst die Schlange essen.« Bezüge zur Sündenfallgeschichte und -symbolik sind nicht zu übersehen. Essen ist ein (Traum-)Archetyp für eine totale Integration von etwas. Bemerkenswert: Sowohl freier Wille als auch Müssen spielen eine Rolle. Diese Kombination – zugegeben, nicht ohne Schwierigkeit zu denken – wäre vielleicht eine Hilfe, um Vergänglichkeit und Weltschmerz anzunehmen, um sich mit der menschlichen Hintergrundtraurigkeit zu arrangieren.

Wir entnehmen diesen Träumen die Lehre, dass es einen fein gewebten, tief unbewussten Trauerhintergrund für menschliches Leben generell gibt – wegen der Begrenztheit, wegen der Vergänglichkeit oder auch deswegen, weil niemand wirklich ohne Angst sein kann, weil menschliches Leben konstitutionell bedroht ist und definitiv endlich ist.

Unglückliche Liebe – Bettina von Arnim und J. W. Goethe
Werbung und Missverständnis

Bettina von Arnim, 1785–1859, ist oft als Enfant terrible der deutschen Romantik bezeichnet worden. Ihre Liebe, so scheint es, verteilte sie wenigstens auf diese drei: auf ihren Ehemann Achim von Arnim, auf ihren Lieblingsbruder Clemens und auf den Dichterfürsten Goethe. Ihre Briefe an Goethe sind, stilisiert, erschienen unter dem Titel »Goethes Briefwechsel mit einem Kinde«. Ein Kind, das Liebe sucht – tatsächlich hatte ihre Annäherung an Goethe diese Spielart. Wenn wir uns verlieben, mit der bangen Frage nach Erfolg – sind wir dann nicht alle Kinder? Goethe aber hielt Bettina – heißblütig soll sie gewesen sein, angeblich wegen ihres italienischen Erbes – auf Distanz. So träumte sie es selbst im April 1808. Da ließ sie Goethe zu sich in ihrem Traum sagen:

»Setze Dich nur dort üben [gegenüber] zur Katze, wegen Deinen Augen, die mag ich nicht so nah« (zitiert in Kiessig, 1976, S. 35).

Die »Augen« sind immerhin die Seele. Das muss der Bettina wehgetan haben. Der Traum dürfte andererseits Goethes Angst vor dem Animalischen zeigen. Nun schauen wir uns ihren Traum über Goethe vom 20. Oktober 1809 an:

»Heute Nacht hab ich wieder von Dir geträumt – Du warst ernst und sehr geschäftig, und da ich zu Dir kam, sagtest Du gleich: dass ich Dich nicht stören möge! Es machte mich sehr traurig, da ich den weiten Weg gemacht hatte, und mein Gesicht wurde finster von Tränen, aber da kamst Du und drücktest mit unbeschreiblicher Milde meine Hand an mein Herz, und sagtest: sei nur ruhig; ich kenne Dich; ich weiß alles. Da wachte ich auf, es hatte sich mein Ring auf meiner Brust abgebildet, den ich im Schlaf an mich gedrückt hatte« (zitiert in Kiessig, 1976, S. 35 f.).

Wieder muss die arme Bettina im Traum von Goethe hören, dass sie ihn »nicht stören möge«. Sie ist verspielt, den Mann aufsuchend – er jedoch ernst und geschäftig. Der weite Weg umsonst. Wer im Traum besucht, sucht meist. Ihre Reaktion: »Es machte mich sehr traurig«, »mein Gesicht wurde finster vor Tränen«. Das ist großes, echtes Gefühl: schwarz, finster, dunkel vor Tränen. Licht, Helligkeit und Ähnliches sind dagegen in der Traumsymbolsprache positiv. Beeindruckend, dass trotz des Schmerzes, der Abfuhr, Bettina die »unbeschreibliche Milde« und die Weisheit von Goethe erkennen und würdigen kann. Wenn Liebe wahr ist, kann sie auch durch eine Verletzung seitens des Partners oder des Du nicht ausgelöscht werden. Ein Beispiel ist die Mutterliebe: Sie wird durch ungebührliches, aversives Verhalten des Kindes nicht geändert. Auch Vater- und Kindesliebe bleiben, sie bestehen fort unabhängig vom Verhalten des Liebesobjekts. Der Abdruck »Ring auf meiner Brust« zeigt: Goethe kann Bettinas Gefühle (wie von einem Kind) zu ihm nicht löschen, im Gegenteil, sie sind im Herzen eingraviert. *Ring* = Archetyp für enge Beziehung, Bindung. *Brust* = Sitz der Gefühle.

Jahre später (1814) träumt Bettina wieder von Goethe:

»Mir träumte vor drei Jahren, ich erwache aus einem ruhigen Schlaf auf Deinen Knien sitzend an einer langen gedeckten Tafel. Du zeigtest mir ein Licht, was tief herab gebrannt war, und sagtest: ›So lange habe ich Dich an meinem Herzen schlafen lassen, alle Gäste sind von der Tafel weggegangen, ich allein bin, um Deine Ruhe nicht zu stören, sitzen geblieben, nun werfe mir nicht mehr vor, dass ich keine Geduld mit Dir habe‹, – ja wahrlich, das träumte ich« (zitiert in Kiessig, 1976, S. 36).

Sie auf Goethes »Knien sitzend«. Er beinahe als der große Lehrer oder gütige Vater, als der Zeiger: »Du zeigtest mir ein Licht«. Das Licht ist »weit herab gebrannt« – soll es neben einer langen Dauer auch unbewusst/indirekt das Verglühen einer Glut andeuten? Wieder sieht Bettina Goethe in Milde, Großmut und Geduld – es dürfte stimmig gewesen sein zu Goethes Charakter; der Traum bildet sich so etwas nicht ein. Er hat sie an seinem »Herzen schlafen lassen« – das heißt, sie war zwar wie inaktiviert, aber dennoch unbewusst (= schlafend) sehr nah an seinem Herzen. Wie ein Kind eben (»auf den Knien«), mit dem man Geduld hat.

So ist aus dieser Liebesgeschichte nichts geworden. Das Mädchen bewundert den großen Meister und verliebt sich in ihn. Sie versteht ihn und er versteht sie, auch haben sie Geduld miteinander und sie würdigen sich gegenseitig, so zeigen es die Träume. Aber es reichte nicht. War es auf Bettinas Seite nur eine Schwärmerei? Sah Goethe sie als Kind, hatte er denn doch irgendwo eine Abneigung gegen sie, fühlte er sich ihren Blicken (Katzen und Augen) gegenüber unsicher? Wir wissen es nicht. Es bleibt die Trauer über die enttäuschte Liebe. Aus irgendeinem Grund sind sie nicht zusammengekommen. »Warum ist eigentlich nichts geworden mit uns zwei?« – so können Menschen später, früher näher bekannt, bei einem Wiedersehen einander fragen. »Schicksal« oder »verpasst« oder »nicht vorgesehen« – was sollen wir schon Kluges antworten?

Es ist nicht selten, dass die Trauer über eine unglückliche Liebe, wenn sie quasi nicht einmal angefangen hatte oder nicht realisiert worden war, Hochschätzung und Hochachtung gegenüber dem Du behalten hat. Im Gegensatz zu einer Liebe, die stattgefunden hatte, ausgelebt wurde und dann unglücklich wurde. Es ist fast, als wäre das Lieben geblieben. Die Sehnsucht hält den Wert des anderen hoch. Es hat keine Desillusionierung stattgefunden. Zur Trauer der Bettina wissen ihre Träume um eine subtile Antwort und Lösung: Trotz Zuneigung wollte Goethe letztlich diese Frau nicht näher an sich herankommen lassen. Sie bemühte sich, aber ihr Unbewusstes sagte: Goethe will die »Störung« durch sie nicht.

Drei Varianten des Trauerns, der Trauergründe – Das Traumsymbol »Tod«

Im folgenden Traum eines jungen Mannes ist der Tod der Mutter der Trauergrund.

»Ich bin in Kiel in meinem Zimmer, als ich über das Radio erfahre, daß meine Mutter gestorben ist. Ich setze mich ins Auto und fahre nach Hause. Mein Vater erwartet mich, um mir nochmals die Nachricht vom Tod meiner Mutter zu überbringen. Er weint. Ich nehme ihn in den Arm und tröste ihn. Mein Bruder betrinkt sich und rast dann mit dem Auto davon. Ich versuche, ihn einzuholen, schaffe es dann aber nicht mehr. Ich denke im Traum: ›Dann eben nicht.‹ Zurück in unserem Haus sagt mir mein Vater, daß er jetzt mit dem Rad eine Tour mache, um allein zu sein. Nachdem er um die Ecke gebogen ist, fahre ich nach Kiel. Ich weine. Ich frage mich, wann wir meine Mutter beisetzen werden« (Flöttmann, 1998, S. 96).

Drei männliche Angehörige gehen unterschiedlich mit diesem Tod um. Grundsätzlich gilt übrigens: Der realistische Tod im Traum meint in den seltensten Fällen den realen, körperlichen Tod. Da Träume eine Tendenz zur Extremisierung haben, ist mit dem Tod-Symbol ein Wie-Wenn gemeint, das heißt, es wird empfunden, als ob der Tod eingetreten wäre (Befürchtung, Erwartung). Weiterhin gibt es nicht wenige unbewusste Erinnerungen im Menschen an Zustände, wo wir Angst hatten, sterben zu müssen, zum Beispiel bei der Geburt oder bei einer Mutter-Kind-Trennung. Der Tod im Traum stellt auch gern die Redensart dar: »Du bist für mich gestorben«, also »Du bist für mich erledigt, ich will dich nicht mehr wiedersehen« (so beispielsweise beim Symbol »begraben«). In Spanien wird der Tod im Traum als langes Leben für die Traumperson aufgefasst, also als Komplementärtraum. Das Symbol Tod kann Abschied, Ablösung, etwas weit hinter sich lassen bedeuten; in Ausnahmefällen auch den konkreten Tod – sofern es ein prognostischer Traum ist, kann man dann eher ex post, also in der Zukunft etwas Sinnvolles darüber sagen.

Die Archetypen für den Tod in der Realität sind andere, zum Beispiel Abgeholtwerden im Traum, markantes Verlassenwerden, der Coitus (das wusste schon das berühmte Traumbuch von Artemidoros von Daldis in der Antike, ebenso arabische und byzantinische Traumbücher), starker Nebel, das Davonfliegen, Im-Schlamm-Ertrinken, Überquerung von Grenzfluss oder Grenzstraße, Dialog ohne Antwort vom Betroffenen/Entschwindenden. Weiß kann eine Todesfarbe sein, ist deshalb in vielen Kulturen die Trauerfarbe; dagegen steht bunt für Leben (Goethe: »am farbigen Abglanz haben wir das Leben«).

Es bedarf also einer ausführlichen Exploration, welche konkrete Bedeutung der Tod in einem solchen Traum haben mag. Zu Lehrzwecken lassen wir hier den Traum selbst sprechen, konzentrieren uns auf eine werkimmanente, archetypische Interpretation, das meint eine generalisierte Interpretation des Menschentypischen. Die Biografie des Träumers ist insofern sekundär, als jede Biografie einmalig und individuell ist und sich als zu subjektiv für Lehrzwecke erweist, sich als Beispiel deshalb nur sehr eingeschränkt eignet. Wir interpretieren also nach der Jung'schen Methode archetypen- oder werkimmanent.

Der Verlust der Mutter meint so zum wenigsten: als ob sie tot wäre. Das ist die echte Empfindung des Träumers. Inwieweit sie sterben wird, gestorben ist, steht auf einem anderen Blatt. Und das Empfinden des Träumers nimmt der (Trauer-)Begleiter natürlich ernst. Theoretisch ist möglich, dass es sich real nur um die psychische *absentia* der Mutter handelt oder um einen Akt der Mutterablösung. Die Reaktionen der drei Männer sind typisch für die Verlustvariante, dass die Mutter als Familieninstitution fehlt, sich emotional nicht zuwendet(e). Dann wird man nämlich gern als Ehemann zum Einzelgänger, als Sohn zum Trinker (Muttertrauma und Muttersucht). Und dann ist die Mutter wie tot. Besonders der Archetyp »Radio« ist ein Element des Unbewussten, das heißt, die Todesmeldung kommt unbewusst daher, im Gegensatz zum Bewusstsein, zur Familienoberfläche, wo vielleicht alle denken, die Mutter erfüllt ihre Aufgabe, und wo sie sagt: Ich bin doch da. Mit diesen Medien (Archetypen) Brief, Zeitung, Radio, Telefon, Video werden generell unbewusste, verdrängte, oft unangenehme Wahrheiten in die Träume gesandt. Die unbewusste Nachricht/Ahnung per Radio wird dann bestätigt, und zwar durch das Bewusstsein und durch echte Erfahrung: durch den Vater und durch das Wort; der Vater muss es wissen, er ist lange mit seiner Frau zusammen. Es stimmt also, wenigstens mental ist diese Mutter tot. Deshalb weinen alle nicht ohne Grund, es ist echt.

Der Träumer hat eine Rolle, die ihn ehemals als Kind überfordert haben wird: Er muss auch noch einen Elternteil trösten! Das müsste eigentlich umgekehrt sein (das Kind der Mutter braucht den Haupttrost). Aber das ist seine Bindung, seine Prägung, die Rolle ist ihm in Fleisch und Blut übergegangen. Denn er kümmert sich auch noch um den Bruder, und er kümmert sich um die Beerdigung der Mutter. Bei Mutters Tod haben die anderen Verantwortung und Zusammenhalt aufgegeben – die Familie zerbricht (wie sehr oft nach dem Tod einer zentralen Familienfigur). Ablösung,

Beendigung dieser Familienstruktur, die den Träumer nicht wenig fordert, belastet, vielleicht überlastet, sind deutlich in diesem Traum. Denn der Träumer lässt sowohl den Vater seiner Wege gehen als auch den Bruder. Er sieht ein oder wird heilsam zu der Erkenntnis gezwungen: Die beiden kann ich in ihrer Trauer und Trauerreaktion nicht retten, halten. (Solche Einsicht gilt auch manchmal für einen Trauerbegleiter.)

Positiv-nüchtern ist auch, sich am Ende um die Beerdigung (die auch andere Regelungen und Erfordernisse einschließt) der Mutter zu kümmern – anstatt das Haus aufgelöst zu verlassen wie die beiden anderen. Das sollte der Begleiter bei solchen ähnlichen Trauminhalten eines Klienten herausstellen: nämlich die Leistung, den Fortschritt, die vernünftige Tat. Es ist ja auch nicht selten, dass Trauernde bei allem Gefühl und Schmerz klaren Kopf behalten, genau wissen, was zu tun ist, und erkennen, auf wen sie sich bei der Trauerarbeit, die doch besser eine gemeinsame wäre (geteiltes Leid ist halbes Leid), verlassen können und auf wen nicht. Selbst in Panik oder einer Traumasituation hat der Mensch nicht selten die Fähigkeit, neben seinem Schock im Emotionsbereich doch »eiskalt« zu reagieren und zu handeln. Bruder und Vater benehmen sich eher wie Kinder.

Fahrradfahren als Symbol im Traum bedeutet: singulär leben, Single-artig sein, für sich allein sein wollen. Partnerschaft ist etwas anderes, ist das Gegenteil, daher gehört dazu eher ein Traumsymbol wie das *Auto* oder früher die *Kutsche* (ein Auto kann eine »Beziehungskiste« sein). Der Vater will unbewusst weg, wenigstens allein sein, vom Ort des traurigen Geschehens sich entfernen: »um die Ecke« biegen. Der Bruder will auch nichts wie weg, in Aggression (»rast ... davon«) und trinkt seinen Kummer zu. Der Alkohol unterdrückt, kaschiert die Aggression, das heißt die Trauer in Wut und großer Enttäuschung, und bringt auf andere Gedanken – wie man sagt. Der Bruder lebt Verdrängung, Ersatz, der Vater Rückzug, der Träumer dagegen tut in seiner Trauer das, was ansteht. Auch Weinen steht an. Vater und Träumer umarmen sich – dagegen ist der Bruder »verloren«, er lässt niemanden an sich heran (auch das ist eine Trauerreaktion).

Ein Traum kann ein unbewusst durchgespielter Gedanke sein, angestoßen durch ein affines Tagesereignis, nämlich der Gedanke: Was ist, wenn Mutter tot ist? Vielleicht gibt es auch die aktuelle Furcht (vorweggenommene Trauer): Mutter könnte sterben. Da wird Weinen sein. Und man braucht »Bestätigung« der Nachricht, auch deshalb, weil der Mensch eine sehr traurige Nachricht spontan nicht glauben mag; er ruft gern: »Das kann nicht wahr sein!« Der Träumer reagiert reif und erwachsen, Vater und Bruder dagegen weniger. So könnte also der zukünftige Tod oder Verlust der Mutter durchgespielt werden (a) oder aber der Traum zeigt: So ist in Wahrheit unsere Familie, Mutter war nie präsent, fehlte allen (b). Die Trauerreaktionen dürften realistisch sein, die Einschätzung der Personen und die allgemeine Bestandsaufnahme über die Familie ebenfalls. Nichts von Halluzination, Fiktion; und es ist auch kein Wunschtraum.

Eingesperrt und ausgesperrt – Heinrich Heine und Carl Spitteler

Heinrich Heine, 1797 in Düsseldorf geboren, 1856 in Paris gestorben, führte das Leben eines Außenseiters. In Schule, Familie, Wohnort, Beruf wirkte er, agierte er und fühlte er sich wie ein Fremder. Schwärmerisches, romantisches Engagement wechselte ab mit Satire und beißendem Spott. Politische Umstände, akademische Missstände und jüdische Herkunft reichen als Erklärung nicht aus. Auch der Übertritt zum Christentum verbesserte nichts (in einem Brief 1826): »Ich habe seitdem nichts als Unglück« (Heine, 1970 ff., S. 233).

Trauer, Bitterkeit, Erfolglosigkeit, Einsamkeit in Deutschland, Fremdheit in Frankreich – das waren die Farben seines Lebens, meistens jedenfalls. In Deutschland war sein Werk vorübergehend angefeindet und verboten, so wählte er 1831 das Exil in Paris. Hier verbrachte er krank, größtenteils gelähmt, die letzten acht Jahre in seiner von ihm so genannten »Matratzengruft«. Seine Wirkung, auch schon sein schriftstellerischer Erfolg zu Lebzeiten, war dennoch nicht unbedeutend, im Gegenteil. Bei nicht wenigen Meistern des Worts ist das beeindruckende Werk einem schwerkranken Körper abgerungen (zum Beispiel auch bei Hildegard von Bingen oder Friedrich Nietzsche). Trauer und Schmerz des psychischen und biologischen Konstrukts verhindern nicht Größe oder Genialität des Geistes. Manchmal erscheint der somatisch oder psychisch kranke Körper sogar der »Preis« zu sein für das lichthohe Werk.

Diese Beobachtung ist aber nicht auf Genies beschränkt. Jedes menschliche Leben hat Licht und Schatten. Die Trauer ist der Preis dafür, dass es Freude gibt; Hass der Preis für Liebe. Yin und Yang, Gutes und Böses sind Paare, sie treten immer als Geschwister auf. Der Mensch kann Erfolg, Leistung, Glück, auch das Leben selbst nicht haben, ohne Scheitern, Schwäche, Trauer, Sterben mit einzukaufen. Vor allem die Träume zeigen uns, dass alle Werte ambivalent sind. So kann das Traumsymbol *Lachen* Schmerz/Trauer bedeuten. Es gibt »das Wasser des Lebens« und »das Wasser des Todes«. Die Farbe *Weiß* bedeutet sowohl Erhöhung/Potenzierung/Verstärkung als auch Sterilität/Tod. *Schwarz* meint Reinkarnation, Potenz, Power wie aber auch Traurigkeit, Todnähe. Die Sprache des Unbewussten, also die des Traums, weist in den Symbolen und Archetypen eine unübersehbare, zwingende Ambivalenz auf. Das lehrt, dass Leid und Freude, Trauer und Lust relativ und subjektiv sind, oder anders ausgedrückt: abwechselnd dialektisch auftreten. Sie existieren weder objektiv noch dauernd noch allein.

Zwar nimmt ein Depressiver, wenn er »im Loch unten sitzt«, die Botschaft von der dialektischen Abwechslung, die Perspektive, dass es in der Zukunft oder in einem anderen Lebensbereich Positives gibt, nicht gerade überzeugt an. Und Depression ist ja nicht selten zu verstehen als eine chronisch gewordene Trauer. Nicht belehren soll der Begleiter, sondern indirekt vormachen, ein Beispiel sein für die Botschaft, die er überbringen will – unaufdringlich natürlich. Er kann zeigen und vorleben: Auch mein Leben hat Höhen und Tiefen, auch die Prominenten haben Schatten und Licht. Er kann, überspitzt, aber doch ernst gemeint, zeigen: Deine Schwäche ist deine Stärke. Denn der Kosmos ist ambivalent – so lehren es die Träume. Von der Schwäche, die unbemerkt, ganz unsichtbar in sich die Stärke (zum Beispiel das literarische Werk) trägt, zeugt ein kleiner Traum von Heinrich Heine:

»Mir träumte mal, ich säße unbekleidet in einem kleinen eisernen Käfig, der in freier Luft hing, so daß ich von der gebückten Stellung und der Kälte durchziehender Winde nicht wenig litt« (zitiert in Kiessig, 1976, S. 55).

Der ausgesperrte und eingesperrte Heinrich Heine, nicht nur im Käfig gefangen, sondern zudem nackt, schutzlos anstarrbar, in aufgezwungener, aber auch selbstgewählter Isolation, diese »traurige Gestalt« – er wirkte, wie man historisch weiß, publizistisch gewaltig, in auffallendem Kontrast, in Ambivalenz zu seinen persönlichen Umständen. So steckte er in seiner »Matratzengruft«, innerlich wie äußerlich – und strahlte weit und bewegend mit seinem Werk nach außen.

Ähnlich ein kurzer Traum sowie ein Traumteilstück des Dichters Carl Spitteler:

»Ich sah mich im Traum durch ein eisernes Gitter wie in der Festung von der Welt abgesperrt« (zitiert in Kiessig, 1976. S. 96). »Und in einer der folgenden Nächte schaute ich einen der seligsten Träume meines Lebens: Mir träumte, ich befände mich, ruhig schlafend, in der Tiefe jener Grube neben dem Gärtlein. Von oben her, aus dem Licht, rankte ein lebendiges Blumengewinde zu mir hernieder, aus welchem Engelsköpfe mich grüßten. Das war nicht ganz so deutlich zu sehen, wie es hier die Sprache sagt, denn goldenes Licht verwischte die Umrisse, dafür wieder viel seliger, als Worte es zu erzählen vermöchten« (zitiert in Kiessig, 1976, S. 96).

Carl Spitteler (1845–1924), Schweizer Literaturnobelpreisträger (1920), kennt einen Kontrast ähnlich wie Heine: Der Außenseiter sieht sich der großen, eher unindividuellen Masse draußen gegenüber, zum Beispiel in seinem Werk »Prometheus und Epimetheus«. Vor allem jedoch spielen sich die Kontraste und Ambivalenzen im Innern und im Herzen, im Unbewussten und in den unbestechlichen Träumen ab. Jede Medaille hat Avers und Revers. So auch jedes Werk, jedes Leben, jeder Traum, jeder Archetyp – das gilt auch für den Trauernden, selbst wenn er fast nur Schwarzes sieht.

Was C. G. Jung über die seelische Krankheit, etwa über die Neurose sagt, lässt sich auch auf das Trauern anwenden: »In der Neurose steckt in Wirklichkeit ein Stück noch unentwickelter Persönlichkeit, ein kostbares Stück Seele« (Jung, 1971, S. 118). Oder: »Es gibt keine Krankheit, die nicht zugleich ein missglückter Heilungsversuch wäre« (S. 116). Es gibt keine Trauer, die nicht als Ziel eine Heilung hat oder nicht in Ambivalenz einen Wert an anderer Stelle erzeugt, so konstatieren wir im Jung'schen Sinne: »Die Neurose ist keineswegs nur ein Negatives, sondern auch ein Positives« (S. 119). Wir übertragen: Die Trauer ist keineswegs nur ein Negatives, sondern eine Aktion, ein Zustand, worin auch eine positive Potenzialität sich entwickelt.

Carl Spitteler fühlte sich »abgesperrt«, ähnlich wie Heine, und zwar schon sehr früh als Kind, wo sprachliche Begrifflichkeit gerade erst beginnt. Ein »Gitter« vor seinen Augen. Aber das war nicht alles. Diese Einseitigkeit wurde in einem folgenden Traum aufgehoben, korrigiert. Da sah Spitteler »in der Tiefe« – als würde er wie Odysseus oder Orpheus die Unterwelt besuchen – das »Licht«, und zwar »von oben«, und »lebendiges Blumengewinde« und »Engelsköpfe« – ihm zugewandt, ohne jegliches Gitter, ohne Aus- und Absperrung (Kiessig, 1976, S. 96).

Im Rückzug und in der Aussperrung lebt mancher Trauernde. Es gilt, an den geheimen Beziehungsweg zu ihm hin zu glauben, zu sehen, dass auch der Zurückgezogene nicht ohne große Welt lebt, sei es eine innere Welt, sei es eine Bilderwelt, sei es eine Wunschwelt, sei es eine spirituelle Welt. Es gilt, an die Potenzialität von Blumen und Licht zu glauben, im Kerker des Staates wie im Kerker der Trauer. Besonders das »innere Kind« trägt solches noch im

Herzen. Jeder Kerker hat eine nicht zu gering zu schätzende Option. Was wächst nicht alles gerade auf dem Boden der Trauer und durch den Druck der Trauer.

Kollektive Trauer – Der Untergang der Indianer

An Trauer kann man sterben. An gebrochenem Herzen, sagt man dann. Auch an kollektiver Trauer kann man sterben. Wenn man zudem nicht nur ein Träumer, sondern auch ein Schamane ist, erdrückt einen das, was man im Traum sieht, umso mehr. »Von Anbeginn seiner Existenz ist der Schamane ein begnadeter Träumer. Alles Wissen um den Ursprung wird, z. B. in der Mohave-Kultur, in Träumen erfahren und durch Träume bezeugt« (Ahrens, 1996, S. 319). »Traumanalyse ist insbesondere in denjenigen Heilungsritualen prominent, wo nach wissenschaftlichem Verständnis psychogene Störungen angezeigt sind.« Das betrifft zum Beispiel »endlose Trauer über einen Verstorbenen« (S. 325). Eine mythische Figur, der »Halter des Himmels« – er ist übrigens seiner Mutter Sohn und Ehemann – sendet die Träume (S. 336). Ein Navaho-Mann »verfiel in trübselige Grübelei«, weil er wiederholt »vom Tod seiner Kinder und vom Bären verfolgt zu werden« träumte. Der Schamane diagnostiziert: »Als kleiner Knabe hast du einen kranken oder toten Bären gesehen, oder deine Mutter sah ihn vor deiner Geburt« (S. 333).

Diese Stelle nehme ich zum Anlass, nachdrücklich darauf hinzuweisen, dass unsere Traumelemente auch aus der Schwangerschaftszeit und aus den Vorfahrenerlebnissen stammen können. Als wären sie Inhalte des Geistes des Clans oder des kollektiven Unbewussten. Pränatale Erfahrungen können Träume verursachen, nicht zuletzt Albträume, und sie können Depressionen, Schlaflosigkeit und Ähnliches beim späteren Erwachsenen verursachen, auch eine scheinbar grundlose Trauer. »So wird das Kind im Mutterleib mit pathogenen Kräften infiziert«, schreibt Ullrich Ahrens (1996, S. 333) dazu.

Der »heilige Mann« der Sioux im folgenden Traum ist natürlich ein Schamane. Für die meisten Kulturvölker der Erde ist es eine Selbstverständlichkeit, dass Zukunft geträumt werden kann. Wir Aufgeklärten schließen das aus. Ist das arrogant? Es sind viele Menschen bezeugt, in verschiedenen Quellen, die zum Beispiel die Katastrophe des Zweiten Weltkriegs vorausgesehen haben. Der Medizinmann Black Elk:

»Vor langer Zeit erzählte mir mein Vater, was ihm sein Vater erzählt hatte, dass es einst einen heiligen Mann der Lakota (Sioux) gegeben hat, Drinks Water genannt, der träumte, was geschehen würde; und das war lange vor der Ankunft der Wasichus (weißen Menschen). Er träumte, dass die Vierbeiner in die Erde zurückgehen würden und dass eine fremde Rasse um alle Lakotas ein Spinnennetz gewoben hätte. Und er sagte: ›Wenn dies geschieht, werdet ihr in grauen viereckigen Häusern wohnen, und neben diesen grauen viereckigen Häusern werdet ihr Hungers sterben.‹ Sie sagten, dass er bald, nachdem er diese Vision geschaut hat, zur Mutter Erde zurückging, und es war Traurigkeit, die ihn tötete. Du kannst dich jetzt umschauen und sehen, dass er diese erdgedeckten Häuser meinte, in denen wir jetzt wohnen, und dass auch alles andere wahr ist. Manchmal sind Träume weiser als Wachsein« (Indianerweisheiten o. J./2013).

»In die Erde zurückgehen« im Indianertraum bedeutet, diese Vierbeiner sterben aus (Bisons wurden ausgerottet). Ein *Spinnennetz* im Traum ist eine Feindlichkeit, die nicht offen ist, sondern subtil, nicht offensiv, aber lähmend oder tötend; es gibt kein Entrinnen. Auch das Reservat ist umgarnt. Die Farbe *Grau* ist nicht lebensfreundlich oder lebenslustig, sondern triste, traurig. *Viereckig* ist ein Aggressionssymbol, auch Kantiges (alles, was spitz ist); positives Leben dagegen im Traum ist *rund* – wie übrigens die Natur und das All. Wie die Häuser aussehen, so wird es den Indianer dann ergehen. »[…] und es war Traurigkeit, die ihn tötete.« Das gibt es, wie wir wissen. Auch kollektive Traurigkeit kann töten. Der Häuptling oder der Schamane lebt das Schicksal seines Stammes voll und ganz mit, prototypisch, und seine Träume stimmen für das ganze Land, wie beim Pharao im Alten Testament. Sein Leid für das Kollektiv ist echt. Man denke nicht, so etwas gebe es nur bei den Indianern.

Nun zum Traumglauben der Irokesen. Dieser wird auch »Traumtheorie der Huronen« genannt (Ahrens, 1996, S. 337). Im Jahre 1649 schreibt ein Jesuitenpater und Missionar über den Traumglauben der Irokesen:

> »Sie glauben, daß außer den Wünschen, die wir im allgemeinen haben und die freiwillig in uns sind, unsere Seelen auch andere Wünsche kennen, die uns eingeboren, aber verhüllt sind. Diese Wünsche kommen aus den Tiefen der Seele. Durch Träume, in denen die Seele zu uns spricht, werden uns diese Wünsche bekanntgegeben. Die Erfüllung dieser Wünsche befriedigt die Seele. Bleiben die Wünsche jedoch unerfüllt, dann wird die Seele böse [...] Sie empört sich gegen den Körper und schickt zur Strafe verschiedene Krankheiten. Die geheimen Wünsche der Seele müssen erfüllt werden. Sie tun sich im Traum kund. Wer den Wunsch im Traum nicht versteht, der muß einen Deuter, einen erleuchteten Medizinmann fragen« (Pössiger, 1981, S. 41).

Sigmund Freud würde die »anderen Wünsche« in der Irokesenseele als unbewusste Wünsche bezeichnen, die sich im Traum anmelden und gestaltet werden wollen – die den Traumstoff bilden. Durch Träume, in denen die Seele zu uns spricht, werden uns diese Wünsche bekannt gegeben: Das ist Freuds Theorie. Eine Befriedigung bringt das Ersatz-Traumerleben der Seele? Manchmal oder ein wenig – bewiesen ist das nicht. Dass unerfüllte, abgelehnte Wünsche die Seele »böse« machen, das kann man psychologisch nachvollziehen. Wir würden sagen: Die Seele wird traurig, aggressiv, unleidlich.

Aber die Irokesen gehen weiter: Die Seele wird in ihrer Verletzung, Verwundung, Empörung so aktiv, dass der Mensch krank werden kann, krank wird. Anders ausgedrückt: Das Unbewusste lädt so viel Frustration auf sich, dass psychosomatische Krankheiten die Folge sind, sein können oder müssen. Als gäbe es keinen anderen Ausweg, kein Ventil. Weiter sprechen die Irokesen ohne Kompromiss: »Die geheimen Wünsche der Seele müssen erfüllt werden.« Dann reden sie moderater, in dem Sinne, die Träume wenigstens zu verstehen, mit Hilfe eines Schamanen; das wäre eine Lösung. Wenn wir uns das Gegenteil ansehen, nämlich die unbewussten Wünsche weder zu kennen noch zu verstehen noch zu akzeptieren noch sie zu erfüllen – das sammelt viel an seelischer Energie. An Energie, die prall, stark, eingesperrt, angespannt ist. Die explodieren kann – gegen ein Du oder gegen sich selbst. Diese Energie ist eher nicht neutral zu denken. Sondern sie ist, frei nach Freud, mit viel Eros und Aggression besetzt. Es ist auch eine Verdrängungsenergie, die kostet sehr viel Kraft, und die kann gefährlich sein.

Auf Trauerarbeit übertragen wäre hier zu sagen: Das Unbewusste muss akzeptiert werden, sonst wird die Seele indianisch böse und schickt Krankheiten. Das ist nicht nur die Trauer selbst, die nicht übersprungen werden darf, sondern besonders die gegebenenfalls unbekannten, verdrängten Gefühle wie Wut, Ungerechtigkeitsgefühl, Reue, Schuld, Anklage, Aggression. Alles, was in der Seele rumort, muss heraus, sagen die Indianer. Der Traum meldet genau das, was da an unerledigter Energie liegt, was man in Wahrheit für Wünsche hat. Wünsche erfüllen heißt ihnen Recht geben, ihnen einen Platz geben, sie als berechtigt und vielleicht sogar gesund würdigen. Heraus aus dem Tabu müssen alle Trauergefühle – das wäre Indianerlehre. Wünsche und Gefühle erfüllen oder wenigstens verstehen, nicht unterdrücken.

Das alleingelassene Kind trauert

Ich suche meine Mutter und ich finde sie nirgends – gibt es Schlimmeres für ein Kind? Wir sprechen hier von den vielen Möglichkeiten der Mutter-Kind-Trennung. Ein Frühchen hat die schützende Mutterbauchhülle verloren. Ein Kind auf der Kranken- oder Intensivstation in der ersten Woche nach der Geburt, wobei die Mutter in einem anderen Zimmer liegt, erfährt ein Trauma der Mutter-Kind-Trennung. Die erste Lebenswoche kann mit einer Art Hospitalismus beginnen, mit wechselnden Gesichtern für Beziehungsaufnahme (Schwestern, Ärzte). Auch das Neugeborene zu Hause sofort im eigenen Zimmer unterzubringen, fern vom Elternschlafzimmer, ist eine Mutter-Kind-Trennung. Oder ein längerer Krankenhausaufenthalt im ersten oder zweiten Lebensjahr. Oder die zu frühe, fast unmenschliche, jedenfalls rücksichtslose Unterbringung von Säuglingen im Hort – es gab auch Wochenhorts, sic – damals in der DDR. Zu schweigen davon, dass ein Baby zur Adoption freigegeben, weggegeben wird. In der Savanne beispielsweise ist es das Todesurteil, wenn ein ganz junges Gnu den Kontakt zur Mutter verliert. So fühlt auch ein Menschenkind: Beim zu frühen Mutterverlust steht der Tod vor der Tür. Trauer ist dafür ein zu harmloses Wort.

Die moderne Bindungspsychologie legt ihre Betonung auf das erste Lebensjahr, sogar auf die pränatale Bindung zwischen Frucht und Mutter. »So kann etwa eine vorgeburtlich erlebte Ablehnung als existenzielle Überzeugung, die Leute seien gegen die eigene Person negativ eingestellt, immer wieder in die Wirklichkeit sozialer Wahrnehmung hineindrängen« (Janus, 2011, S. 84). Aspekte der Partnerschaft haben »ihre Wurzeln in der vorgeburtlichen und frühen vorsprachlichen Beziehungserfahrung« (S. 82).

In den ersten Lebensjahren werden die Weichen für das spätere Verhalten gestellt. Das Wichtigste der Kindheit ist diese Ur- und Erstbindung. Das Unbewusste weiß bezüglich einer fehlenden, weggegangenen, getrennten Mutter nicht, ob diese wiederkommt, es rechnet mit dem Schlimmsten. Das Überleben ist von der Mutter abhängig – deshalb diese ungeheure Bedeutung der Mutter-Kind-Trennung. Schnell ist es ein Trauma mit großer Todesangst geworden. In Träumen, im Suchtverhalten, als Kompensation, im »Nachspielen von intrauteriner Situation« (Janus 2011, S. 86) kann dann ein Leben lang die Mutter »gesucht« werden – wenn auch nur in Ersatzhandlungen oder in einer bodenlosen Trauer.

Der Traum einer 25-jährigen, depressiven Studentin:

»Im Gewimmel eines Flohmarktes suche ich meine Mutter. Sie wollte übers Wochenende zu ihrem Freund fahren. Inzwischen müßte sie aber längst zurück sein. Als ich sie nirgends finde, frage ich meine Freundin Katharina und ihren Freund nach ihr. Auch sie haben meine Mutter nicht gesehen. Jetzt wird mir klar, daß meine Mutter nicht mehr zurückkommen wird. Ich weiß, daß sie tot ist. Ich weine hemmungslos und bin völlig verzweifelt« (Flöttmann, 1998, S. 97).

Auf dem »Flohmarkt«, das heißt im Früheren und im seelischen Durcheinander, sucht die 25-jährige Träumerin, einmal wieder, muss man sagen, ihre Mutter. Am Wochenende (Symbol) gönnt man sich etwas, es ist nicht für Pflicht/Arbeit da, sondern fürs Vergnügen. Auch die Mutter möchte ein schönes Wochenende mit einem Mann verbringen. Da steht ihr Kind nicht im Mittelpunkt. Freundin und Freund können subjektstufig, gleichnishaft darstellen, dass die junge suchende Frau auch in der Partnerschaft mit ihrem Freund keinen Mutterersatz findet.

Dadurch, dass er von anderen Menschen bestätigt wird, holt der Träumer sich die Sicherheit, dass er wirklich recht hat mit seinem Empfinden; ein typisches Verhalten für Verstärkung (nicht nur im Traum, sondern auch in der Gesellschaft). Mütter sind unersetzbar. Mutter ist, bleibt verschwunden, niemand hilft. Nach der Klimax in einem Traum kommt gern das Finale mit dem Realitätseinbruch, mit der bitteren, einbrechenden Wahrheit. Mutter ist tot, das ist das Traumfinale – die Suche und Sucht war von Anfang an umsonst. Tot vermutlich im übertragenen Sinn: Mutter steht/stand nicht zur Verfügung. Sie wird »nicht mehr zurückkommen«. Der Traum dürfte eine Kindheitserinnerung sein, eine soundsovielte Restimulierung. Damals war die Mutter unersetzbar wichtig. Zu den wesentlichen Erfahrungen der Bindung, des Urvertrauens gehört, dass die Mutter eine Resonanz bietet, dass sie nicht reaktionstot ist, sondern, wie auch immer, auf das Baby antwortet und dass sie wiederkommt, wenn sie das Zimmer verlassen hat, wenn sie vom

Kinderwagen oder Bettchen weggegangen ist oder wenn sie einkaufen gegangen ist. Dieses sukzessiv aufgebaute Vertrauen darin, dass die Mutter wiederkommt und überhaupt da ist, wenn man sie braucht, ist elementar wichtig für ein Kleinkind. Wenn die Mutter in wesentlicher Situation einmal nicht wiederkommt oder dies die überragende, häufigste Erfahrung des Babys ist, reagiert es so wie im Traum: »völlig verzweifelt« sowie in dem typisch kindlichen, ungebremsten, echten Ausdruck für Trauern, nämlich im hemmungslosen Weinen. Schon das »Gewimmel eines Flohmarkts« anfangs verriet nichts Gutes für ein Kind, sondern großen Stress in der Beziehung zur Mutter als Ausgangsposition. Solche Träume zum Stress mit der Mutter und zur Trauer über eine defizitäre Kindheit begleiten einen Menschen ein Leben lang, denn dazu gibt es immer wieder viele Anlässe, Anstöße, nicht zuletzt in der Partnerschaft.

Der nächste Traum gehört zu einer 23-jährigen Studentin. Hier konstatiert Flöttmann (Facharzt für Psychiatrie), der diesen Traum aus seiner Praxis mitteilt: »Es sind die Tränen eines alleingelassenen, traurigen und hilflosen Kindes« (Flöttmann, 1998, S. 97):

»Ich bin in einer Kirche und sitze weit oben auf einer Bank. Unten sehe ich Verwandte laufen. Meine Mutter sitzt neben mir, doch sie wendet sich mir nicht zu. Ich bin traurig, daß alle so weit weg von mir sind. Ich fange an zu weinen und suche die Nähe meiner Mutter. Doch sie bewegt sich nicht. Später erzählt mir meine Mutter, ich sei faul. Ich sage ihr, daß ich ja nicht so sein wolle wie sie« (Flöttmann, 1998, S. 97).

Wie ich an anderer Stelle den Archetyp *Kirche* erkläre, interpretiert ihn auch Flöttmann: »Die Kirche ist Symbol des mütterlichen Bauches« (Flöttmann, 1998, S. 97). *Bank* ist ein sinnfälliges Traumsymbol für Beziehung, für das Leben mit einem Du, fürs Miteinander (ähnlich Sofa). Obgleich die Mutter (urtümlich) neben dem Kind sitzt, dort sozusagen ihren originären Platz hat, wendet sie sich nicht zu. Ein Charakteristikum der anfänglichen Beziehung zwischen Mutter und Kind ist im wörtlichen Sinne die räumliche Nähe. Aus der

Ersterfahrung schließt das Unbewusste auf die Beziehung zu allen anderen Menschen. Das Muster wird übertragen, es wird befürchtet, dass auch neue Beziehungen wieder wegen zu großer Distanz scheitern. Hier ist der Kern angesprochen, die Träumerin sucht räumliche Nähe und seelische Nähe (ursprünglich waren beide identisch).

Der Traum klärt also auf, worüber die Klientin traurig ist, was eigentlich schmerzt, selbst wenn sie rational aus der Realität einige andere Trauergründe aufführen sollte: Schon in der Säuglings-Kirchen-Zeit und obwohl die Mutter räumlich anwesend war, fehlte die mütterliche Zuwendung, und zwar dramatisch. Die Mutter war vom Kind nicht zu erweichen, »sie bewegte sich nicht«. Die Mutter wird auch später hart geblieben sein. Ja, sie schiebt sogar die Schuld für die nicht gelungene Zweierbeziehung der Tochter zu: Sie sei faul. Die Tochter wird also charakterlich abgewertet. Nicht nur Misserfolg, sondern Disqualifikation muss(te) die Tochter erleiden. Die psychische Unbeweglichkeit der Mutter wird als Faulheit der Tochter zugeschoben (Projektion). Auch mag die Träumerin selbst an sich zweifeln: Bin ich schlecht, bin ich faul? So entstehen Schuld- und Minderwertigkeitskomplexe.

Im Traumfinale steht, dass die Tochter dem Muttervorbild nicht folgen möchte. Sie will anders werden, eine andere Frau, eine andere Mutter. Diese Entscheidung ist ambivalent. Positiv ist, ein negatives Muster nicht zu übernehmen. Da aber über die unbewusste Initiationsschiene die Tochter »Frau« über die Mutter wird (vgl. die Systemische Familienpsychologie), kann die Ablehnung der Mutter außen ein Problem ergeben für die eigene Mütterlichkeit innen und später. Das Traumfinale als Lösung zeigt die übliche Reaktion des Abgewiesenen: Dann will ich dich auch nicht, dann will ich nicht so sein wie du. Um der Schmerzen und der Sucht und Suche Herr zu werden, um aus der Abhängigkeit herauszukommen, reagiert man so. Für den Seelenfrieden ist das aber kein idealer Zustand. Tränen und Trauer wegen der Unnahbarkeit der Mutter werden bleiben. Das sollte die Klientin sich im Sinne ihrer Wahrhaftigkeit bewusstmachen. Parallel zur Ablösung bleibt die Sehnsucht. die tief verborgene Sehnsucht nach Mutter.

Der Trauerbegleiter könnte darauf hinweisen, dass jedes Lebewesen in seiner archaischen Schicht die Mutter liebt, auch wenn diese es zurückstößt; er könnte raten, die Sehnsucht nach Mutter zu akzeptieren, dies aber mit der schmerzlichen Realität zu verbinden. Liebe und Abweisung können zusammen vorkommen, von außen wie auch in uns selbst. Im Antithetischen verhaftet zu bleiben, ist keine ideale Lösung. Zur Selbsterfahrung und Weiterentwicklung, auch zur Trauerarbeit, gehört die Einsicht, dass Liebe und Hass, auch in uns selbst, gemischt sein können. Das Sowohl-als-auch, die Ambivalenz – anstatt der Antithetik.

Endloses Weinen und Gold – Kontakt mit dem Toten

Was hat es auf sich mit den Kontakten zwischen Verstorbenen und Lebenden? Die katholische Kirche lehrt die Gemeinschaft nicht nur der Hiesigen (als Gemeinde), sondern auch die Gemeinschaft der Lebenden und der Toten. Sonst könnte es ihr Fest Allerseelen nicht geben (es wäre jedenfalls nicht theoretisch fundiert). In vielen Ländern hat der Ahnenkult eine große Bedeutung, ja ist fast Zentrum des religiösen Kults. Die Ahnen leben mit, schon im nächsten Baum sind sie vorhanden, schauen sie zu. Selbst im Alten Testament, im Buch Hiob, steht – als hätten Kirche und Dogmatik vergessen, das zu streichen: »Der Verstorbene schaut seinem Leichenzug zu.«

In der Trauer spielt nicht selten die Anwesenheit des Dahingegangenen eine Rolle, nicht nur in dem Kult, das Zimmer des Verstorbenen unverändert zu lassen (als wäre er noch da). Im Bereich der außersinnlichen Wahrnehmung gibt es viele Indizien und Berichte, dass der Verstorbene seine Anwesenheit kundzugeben sucht durch ein indirektes Zeichen. Schlossspuk-Geschichten sind ein Relikt davon. Aber es ist ernster zu nehmen als Spuk. Ganz besonders in Träumen ist der Kontakt zu Verstorbenen, von denen man im Traum durchaus vernünftig und parallel (!) weiß, dass sie tot sind, häufig. Es hat eine gewisse Normalität. Dies sollte der Begleiter dem Klienten sagen, damit beispielsweise die Witwe sich, wenn sie monatelang ihren verstorbenen Ehemann im Traum sieht, nicht für psychopathisch hält oder sich eine Neurose diagnostizieren lässt oder sich belehren lassen muss, dass sie die Trauerarbeit, an deren Ende ja irgendwann mal ein Loslassen stünde, nicht leiste.

Es gibt zwei Grundtypen, wie man Verstorbene im Traum sieht und erlebt. Beim ersten kann die Person so dargestellt sein, dass sie überraschend an etwas leidet, zum Beispiel als Kind traurig ist, weint, auch unbekannte Gebrechen hat. Dann sieht der Träumer im Traum Wahrheit. Nämlich er sieht und erkennt: An diesem Trauma, symbolisch am Verstorbenen dargestellt, litt die Person ihr Leben lang – und wir alle haben es nicht gewusst. Beispiel: Der alte Mann ist gestorben, aber man sieht ihn im Traum als Kind am Bach sitzen und weinen. Aufklärung: Sein Vater war gerade im Krieg gefallen, als der Verstorbene damals Kind war.

Der zweite Grundtyp ist: Der Verstorbene tritt gesundheitlich optimal im Traum auf, in körperlich blühendem Zustand, gern um die dreißig Jahre alt, wo der antike Römer seinen *iuvenis* ansetzt. Die *Kleider* als Archetyp (nicht nur im Jenseits) zeigen einen Zustand, einen mentalen Zustand, eine Rolle, und so kann der Verstorbene in sehr schönen Kleidern auftreten. Dieser Traum sagt: Im Moment geht es dem Toten (dem für tot Gehaltenen) gut. Nicht selten spielt hier *Gold* eine Rolle. Gülden sind die Kleider der Ewigkeit. Gold ist als Archetyp ein Attribut von Gott, Priesterkönig (vgl. die Goldfunde der Bronzezeit) und von Ewigkeit (nicht von Reichtum). Aber hier können sich die Geister (wie die Leser) scheiden: ob der Tote in der geistigen Welt wirklich lebt (und zwar gut lebt) oder ob solches also ein Wahrheits- oder ein Wunschtraum ist.

Immerhin ist vielen das Phänomen bekannt (auch die Funktion), dass jemand seinen Toten so behandelt, als wäre er noch irgendwo, irgendwie existent. Sinn und Zweck leuchten ein. Trost und ein Erträglichmachen der Trauer können erreicht werden. Insbesondere die absurden, unverstehbaren, unerträgliche Tode, wo etwa Eltern ihr kleines Kind verlieren, zeigen oft folgende oder ähnliche Erscheinungen: Seit dem Begräbnis gibt es da so ein auffälliges Vögelchen, das jeden Morgen zur kleinen Wassertränke auf dem

Balkon kommt. Zutraulich ist es und so schön und war nie vorher da. Vielleicht kommt ja auch ein Kätzchen oder ein Mäuschen. Der Mutter ist, als käme ihr Kind aus dem Himmel herangeflogen, in Tiergestalt (wie es Schamanen lehren). Die ersehnte Botschaft ist da. Wenn man vom Weiterleben nach dem Tod etwas weiß oder wenn man nur schon daran glaubt – so hilft es, die Trauer zu ertragen. Es heilt nicht, es mildert und mindert nur. Hinzu kommt das wunderbare Gefühl der trauernden Person: Ich bin ja in Wahrheit nicht ganz vergessen und alleingelassen. Und nebenbei: *Vogel* ist ein weltverbreiteter Archetyp für transzendente Seele.

Ein Traum von Hanne (Klientin, 2005, unveröffentlicht) nach dem Tod ihres Mannes:

Sie sah ihren Mann im Alter von circa 35, 40 Jahren. Neben ihm eine schöne Frau. Beide trugen Kleidung wie einen Anzug, etwas fremdartig, fast wie einen Astronauten-Raumanzug (aber nicht identisch). Auch ein Fluggerät, einem Hubschrauber ähnlich, war da. Sowie insgesamt viel Gold. Auf die Frau empfand sie ein wenig Eifersucht.

Hanne, in mittleren Jahren, hatte ihren Mann durch einen Unfall verloren, als er fünfzig Jahre alt war. Ein paar Wochen nach dem Tod ihres Mannes träumte sie diesen Traum. Die *schöne Frau*, die fast eifersüchtig machen könnte, kann eine schon verstorbene geliebte Schwester des Mannes sein (objektstufig) oder aber etwas ganz anderes, nämlich seine Anima (subjektstufig). Im Jenseitsreich werden wir vermutlich vollständig, das heißt androgyn. Auch Adam war anfangs androgyn, ein *Mensch,* nicht ein *Mann.* Im Symbolon des sogenannten Sündenfalls zerfiel der Urmensch in eine männliche und eine weibliche Hälfte, das ist die sekundäre Schöpfung der Eva aus Adam heraus, die innere Spaltung des Menschen (woraus das Leid entstand aufgrund der Gegensätze). Ein ähnlicher Mythos wird auch bei Platon im »Symposion« erzählt, wo die Theorie des Eros dargelegt wird: Zeus zerschnitt den androgynen Menschen, seitdem sucht jeder seine zweite Hälfte. In der Religion (etwa in Indien) sowie bei C. G. Jung ist das Phänomen, ein solches Auftreten mit der Anima, gut bekannt als *hieros gamos*, als Heilige Hochzeit. Das ist die *coincidentia oppositorum*. Oder man stelle sich vor: Yin und Yang werden wieder das Tao. Die (geschlechtliche) Ganzheit ist ein Kriterium für alles Ende der Polarität, der Trennung, der Gott-Absonderung, der materiellen Schöpfung. Denn die geistige Welt ist *eins* (was man manchmal in Träumen sehen kann), im Unterschied zur polaren, diesseitigen Welt.

Dieses ideale Paar ist ein nicht seltenes Traumsymbol und hat mit Sexualität nichts zu tun, sondern ist also der Archetyp der Heiligen Hochzeit, der mentalen Ganzwerdung. Es ist als Omen, als Prognostik vor Toden beobachtet worden – was nicht unlogisch ist, denn die Seele selbst ist eigentlich immer androgyn gewesen, auch wenn wir Mann und Frau auf der Erde waren, und sie wird, falls es ein Jenseits gibt, in der geistigen Welt wieder androgyn, also ganz sein. Die Heilige Hochzeit ist in diesem Sinne unirdisch. Und das schöne Paar in dem Traum ist es auch: Kleidung, Anzug, Raumanzug gehören hier zur Anderwelt, wie etwa zum Weltall oder Ätherraum. Fluggeräte, Hubschrauber oder Raumschiffe treten nicht selten in Träumen auf, um den Übergang in die transzendente Welt darzustellen. Ähnlich gibt es umgekehrt die Geburtsträume, wo wir symbolisch einfliegen (nicht immer ohne Unfall).

Das optimale Alter, um die 35 Jahre, habe ich schon erwähnt. Ebenso wenig überrascht das viele Gold in den Träumen von Verstorbenen. Es passt zum Bleibenden, Göttlichen. Als Variante für den ewigen großen leeren Raum, für den Himmel, kann auch der Edelstein Lapislazuli im Traum auftreten. Das Tiefblau meint das endlose Nichts, ist zugleich die Farbe, die am wenigsten zum Irdisch-Bunten gehört, gilt deshalb als Heilfarbe (der Buddha im Lapislazuli-Glanz heilt) oder soll Symbol der Intelligenz/Weisheit sein. In diesem Edelstein gibt es den Goldeinschluss als Pyrit (Katzengold). Kobaltblau und Gold, Lapislazuli also, verweist auf das Jenseits. Ägyptische Priester trugen Lapislazuli nicht ohne Grund. Auch galt im Altägyptischen Gold als die Haut der Götter, der Jenseitigen.

So spricht dieser Traum für sich. Wie mag Hanne damit umgehen, dass es ihrem Mann schön, gut und golden geht? Und das erzählt ihr kein Trauerbegleiter oder Priester. Sie selbst hat es gesehen, als Traum geschenkt bekommen. Wenn sie nun an sich glauben würde (woran es den meisten Menschen fehlt) und nicht Träume für Halluzinationen hielte (was Hanne real auch nicht tut), dann ist diese Botschaft wie selbst-geschaffen, selbst-gefunden. Das wirkt mehr als therapeutisch von jemandem erhalten.

»Um Märchen zu verstehen, ist es sinnvoll, sich zunächst mit dem Traum zu beschäftigen, denn beide haben die gleiche Wurzel. Der Traum hat für die seelische Gesundheit große Bedeutung […] und oft wird eine Lösung gefunden« (Röhr, 2007, S. 20). »Sie [die Träume] tragen wesentlich zur Wiederherstellung des seelischen Gleichgewichts bei, wenn dieses […] gestört worden ist« (S. 20). Besonders tun sie das dann, wenn sie bewusstgemacht worden sind.

Märchen, den Träumen ähnlich, erzählen, machen vor, und zwar so: »Wie findet jemand vom falschen zum wahren Selbst? Märchen sind die Antwort der Seele auf die Probleme der Menschen. Märchen sind sozusagen ›Nachhilfe‹ für die Seele« (Röhr, 2007, S. 21). Märchen können also einen gewissen Nutzen für die Psychotherapie haben und auch für die Trauerarbeit.

Das Totenhemdchen

Es hatte eine Mutter ein Büblein von sieben Jahren, das war so schön und lieblich, daß es niemand ansehen konnte, ohne ihm gut zu sein, und sie hatte es auch lieber als alles auf der Welt. Nun geschah es, daß es plötzlich krank ward und der liebe Gott es zu sich nahm; darüber konnte sich die Mutter nicht trösten und weinte Tag und Nacht. Bald darauf aber, nachdem es begraben war, zeigte sich das Kind nachts an den Plätzen, wo es sonst im Leben gesessen und gespielt hatte; weinte die Mutter, so weinte es auch, und wenn der Morgen kam, war es verschwunden. Als aber die Mutter gart nicht aufhören wollte zu weinen, kam es in einer Nacht mit seinem weißen Totenhemdchen, in welches es in den Sarg gelegt war, und mit dem Kränzchen auf dem Kopf, setzte sich zu ihren Füßen auf das Bett und sprach: ›Ach, Mutter, höre doch auf zu weinen, sonst kann ich in meinem Sarge nicht einschlafen, denn mein Totenhemdchen wird nicht trocken von deinen Tränen, die alle darauf fallen.‹ Da erschrak die Mutter, als sie das hörte, und weinte nicht mehr. Und in der anderen Nacht kam das Kindchen wieder, hielt in der Hand ein Lichtchen und sagte: ›Siehst du, nun ist mein Hemdchen bald trocken, und ich habe Ruhe in meinem Grab.‹ Da befahl die Mutter dem lieben Gott ihr Leid und ertrug es still und geduldig, und das Kind kam nicht wieder, sondern schlief in seinem unterirdischen Bettchen (Die Brüder Grimm, 1949/1993, S. 533 f.).

Dieses Märchen nun bringt den Ratschlag, nicht endlos um das verstorbene Kind zu weinen. Außerdem schließt es selbstverständlich ein, dass das Kind Kontakt zur Mutter aufnehmen kann – aber signifikanterweise nur nachts (wohl im Traum) und auch nur durch eine Geste (sich stumm zeigen) und noch durch eine zweite Geste (weinen). Das Thema ist: Inwieweit hält diese Trauernde einen Verstorbenen durch intensive oder exzessive Trauer fest? Ein ähnliches, abgewandeltes Phänomen gibt es im Altenheim: Der schwerkranke Patient scheint nicht gehen (nicht sterben) zu können, solange die sich aufopferungsvoll kümmernde Tochter immer noch da ist und täglich kommt. Der Patient stirbt erst, wenn die Tochter verhindert ist, zu kommen. Manchmal jedenfalls sieht es so aus.

Loslassen könnte man das Thema in dem Märchen auch nennen. Der Kundige weiß, dass der Tod eines Kindes niemals erledigt oder abgearbeitet ist. Der Schmerz aufgrund eines toten Kindes bleibt für immer. Das weise Märchen stellt also zu Recht die Frage *in extremo* vor; es wird nicht um irgendjemand getrauert. Sondern es geht um Mutter und Sohn. »Du musst nicht so viel an deinen Verlust denken«, so könnte ja jede Nachbarin einen Rat geben. Das ist nicht falsch, nur irgendwie unmöglich, jedenfalls sehr taktlos, ja herzlos mutet es an. Empathie sieht anders aus. Wenn dieser Ratschlag aber vom verstorbenen Kind selbst kommt – dann ist es etwas anders, oder? Und jetzt zeigt sich Mutterliebe, sie sagt: Wenn es dir, Kind, besser geht, wenn ich nicht mehr weine, dann höre ich selbstverständlich auf. Die Lösung, das viele Weinen zu mildern oder zu beenden, ergibt sich daraus, dass das der Wille des Kindes selbst zu sein scheint (das gibt es ja oft in Todesanzeigen: »Weint nicht um mich ...«). Die Einsicht über das, was besser zu sein scheint, kann aber nur wirken, wenn das Kind dies als seinen Willen und als das Bessere durchgibt. Abgemindert gesagt: Wenn die Mutter annimmt, dies sei für das Kind das Bessere und es sei in seinem Sinne, dann wirkt es. Es muss wie eingegeben sein oder auftauchen. Ein Traum kann so eine Lösung verkünden.

Lösungen radikaler Art zu typischen Menschenproblemen gibt es oft in Märchen. Im »Froschkönig« haben wir eine Beziehung zwischen Vatertochter und Muttersohn, nicht auf Liebe, sondern auf einem Deal und einem Helfersyndrom beruhend. Das Mädchen hat den nicht unüblichen Konflikt zwischen Moral und Bauch/Ego. Zwar authentisch, aber wie tödlich lässt es seine Aggression heraus. Der daraufhin verwandelte Prinz sagt: Das habe ich gebraucht, du hast mich erlöst. Aus Trauer waren dem Eisernen Heinrich Eisenringe ums Herz gelegt, solange sein Herr als Frosch sich entfremdet war. Als Diener war er die innerste Stimme und Burg des Prinzen, die sich die ganze Zeit über treu geblieben war. Nun platzt die Trauer heraus und das Herz ist befreit. Das fühlt sich an, als wenn Eisenringe, Wagenräder zerbersten würden. Eingesperrte Trauer zerplatzt – durch radikale Wendung in der Realität.

Tod eines Kindes – Friedrich Nietzsche

Das ist er: Friedrich Nietzsche, Philosoph aus Sachsen (1844–1900), Umwerter aller Werte, zu Unrecht mit dem Nationalsozialismus zusammengebracht, in tragischer geistiger Umnachtung die letzten Lebensjahre verbringend. Der Prediger der »ewigen Wiederkehr des Gleichen«. Ein Sprachkünstler ohnegleichen in seinem visionären Werk »Also sprach Zarathustra«. Ein schonungsloser Analytiker, ein tiefer Psychologe. Unglücklich und erfolglos in privaten Dingen, ständig migränekrank. Früh den Vater verloren, dominiert von Mutter und Schwester. Latent depressiv – aber ringend um das ganz große Ja-Sagen. Als Nietzsche sechs Jahre alt war, träumte er den Tod seines kleinen Bruders voraus:

»In der damaligen Zeit träumte mir einst, ich hörte in der Kirche Orgelton wie bei einem Begräbnis. Da ich sah, was die Ursache wäre, erhob sich plötzlich ein Grab und mein Vater im Sterbekleid entsteigt demselben. Er eilt in die Kirche und kommt in kurzem mit einem kleinen Kind im Arm wieder. Der Grabhügel öffnet sich, er steigt hinein, und die Decke sinkt wieder auf die Öffnung. Sogleich schweigt der rauschende Orgelschall und ich erwache« (zitiert in Kiessig, 1976, S. 93).

Kinderträume können weiser und sehender sein als die von Erwachsenen. So haben sie in ihren Träumen zum Beispiel Kenntnis davon, wenn die Mutter eine Fehlgeburt hat, obgleich man sie nicht informiert hat, etwa in der Form, dass ein Luftballon für immer davonfliegt. Auch können Kinder, vielleicht wie Steinzeitmenschen oder Aborigines, Trolle und Gespenster sehen – erzählen sie jedenfalls manchmal den Eltern.

Es ist Inhalt vieler Träume, besonders auch der Nahtod-Erlebnisse, dass wir im Tod von Jenseitigen oder Vorangegangenen abgeholt und empfangen werden. Auch sterbende alte Menschen, die wir für dement halten, sehen zuweilen ihre alten Kameraden, die vorangegangen sind. Die Prognostik als Traumphänomen selbst zu diskutieren, ist hier nicht der eigentliche, der ausreichende Ort (in Ausnahmefällen gibt es Zukunftsträume). Also folgen wir dem Kind Nietzsche in seinem Traum: Orgelmusik als Gefühl, das etwas auslöst, ist das Exposé des Traums. Dann kommt, wie sehr häufig in Trauerfällen, die Verknüpfung des aktuellen Ereignisses mit einem vorangegangenen Trauergrund oder auch Trauma: Der Tod des Vaters war gerade erst geschehen. Mit dem erahnten, gefühlten, dann auch eingetretenen Tod eines weiteren sehr nahen Angehörigen haben wir hier eine Restimulierung. Eine Wiederholung und Überlappung von Verlust, Tod, Trauer. In einer solchen Steigerung und Restimulierung ist oft nicht auszumachen, um wen der Trauernde eigentlich primär trauert. War vorher ein Verlust verdrängt, übergangen? Welches ist die Hauptwunde? Es gibt Restimulierungen von vielen Verlustfällen und erst beim letzten Fall, einem vielleicht eher nichtigeren Anlass (etwa beim Verlust eines Haustiers), bricht der ganze – aufgeschobene – Schmerz und Gefühlsschwall heraus.

Wichtig, für den Begleiter wie auch für die Selbsterfahrung: Trauer kumuliert! Dabei ist besonders zu beachten, dass Trauerfälle aus der Kindheit oft verdrängt, verhindert, übersprungen werden. Bis zum dritten Lebensjahr sind diese sowieso für das spätere Leben unbewusst. Man kennt auch die unglaublichen Geschichten, wo beispielsweise einem siebenjährigen Kind verweigert wurde, am Grab der verstorbenen Mutter Abschied zu nehmen. Stattdessen wurde das Kind am Begräbnistag zur Tante geschickt, weil es dort abgelenkt wäre und weil ihm dies besser bekäme. Frühe Trauerfälle der Kinder stecken also nicht selten in Trauerkumulierungen.

Es fällt auf, dass der kleine Friedrich Nietzsche relativ gefühllos, nüchtern, sachlich beobachtend seinen Vater »im Sterbekleid« im Traum erlebt, ihn wiedersieht. Da, selbst wenn Prognostik vorliegt, diese nie exakt ist, sondern Interpretationsvarianten und Optionen enthält, sieht Nietzsche ein »kleines Kind« im Arm des Vaters, nicht genau seinen Bruder. Der Vater nimmt das Kind mit, was in der Traumsymbolik heißt: Die beiden haben etwas Gemeinsames; als emotionaler Ausdruck erklingt und stoppt dann beim Erwachen der »Orgelschwall«.

Musik ist der elementarste, direkteste Gefühlsausdruck zu allen Zeiten; vor allem auch bei Nietzsche. Aber natürlich ist Musik auch gern Ersatz, die Sublimierung, die Transponierung für das (unterbliebene) Ausagieren von Gefühlen. Musik und überhaupt Kunst als *Anstatt*.

Nietzsche schreibt später zu seinem Traum doch über den Schmerz:

»Den Tag nach dieser Nacht wird plötzlich Josephchen unwohl, bekommt die Krämpfe und stirbt in wenigen Stunden. Unser Schmerz war ungeheuer. Mein Traum war vollständig in Erfüllung gegangen. Die kleine Leiche wurde auch noch in die Arme des (kurz zuvor verstorbenen) Vaters gelegt [...] dies geschah Ende Januar 1850« (zitiert in Kiessig, 1976, S. 93).

Ob der kleine Nietzsche trauern durfte? Tröstete die Mutter zu früh und zu falsch? Jedenfalls ging es um einen doppelten Tod, um einen doppelten Schmerz. Es übersteigt vermutlich die Kapazität eines Sechsjährigen. Leidend, am Abgrund entlang, windet sich das Leben des Betroffenen. Das Ringen um Normalität bricht sich vielleicht in eruptiver Weise Bahn, in Schüben wie bei einer bipolaren Depression (zu Tode betrübt – himmelhoch jauchzend), der Alltag im mittleren, durchschnittlichen Gefühlslevel kann kaum erreicht werden. Ähnlich ergeht es Kindern, die durch Krieg oder Terror, so vielfach im 20. Jahrhundert, Eltern und Geschwister zugleich verloren haben. Übersprungene, ausgelassenen, chronische Trauer führen nicht selten zur Depression.

Wir wollen nicht zu einfach bei Nietzsche von Verdrängung des Unerträglichen, des Zuviels sprechen; wir finden einerseits ein zwischenmenschlich und gesundheitlich schmerzliches und trauriges Leben danach vor, als biografisches Ergebnis, vielleicht auch Depressionsinhalte sowie andererseits eine ungeheure Leistung in Kunst und Intellektualität. Es wird Zusammenhänge, Kausalitäten zwischen Krankheit und Genialität geben, wir wollen sie hier nicht oberflächlich, auf die Schnelle vorführen. Die Geisteskrankheit an Nietzsches Ende mag Bände über seine Anfänge sprechen. Oft holt uns im Alter etwas ein. Eines der letzten Gedichte Nietzsches vor seiner Geisteskrankheit war das Gedicht von der sinkenden Sonne:

Tag meines Lebens!
die Sonne sinkt.
Schon steht die glatte
Flut vergüldet.
Warm atmet der Fels:
schlief wohl zu Mittag
das Glück auf ihm seinen Mittagsschlaf?

In grünen Lichtern
spielt Glück noch der braune Abgrund herauf.
Tag meines Lebens!
gen Abend gehts!
Schon glüht dein Auge
halbgebrochen,
schon quillt deines Taus
Tränengeträufel,
schon läuft still über weiße Meere
deiner Liebe Purpur,
deine letzte zögernde Seligkeit …
Heiterkeit, güldene, komm!
du des Todes
heimlichster, süßester Vorgenuß!
[…]
(zitiert in Wunderli, 1976, S. 111)

Auch das eine Vorahnung: »gen Abend gehts! Schon glüht dein Auge halbgebrochen«, »die Sonne sinkt«, »brauner Abgrund« sind typische Symbole für Depression. Die Farbe Braun, als Leid zu interpretieren, mit Leid zu assoziieren, finden wir oft bei Nietzsche. Das Braune soll noch Glück heraufspielen. Echtes Glück? Falsches Glück? Illusion? Krampfhafter Wunsch? Erlösungsglück dürfte es sein, wie »Heiterkeit, güldene, komm!«. Glückssehnsucht als Vorgeschmack des Todes. In diesem »süßesten Vorgenuss« liegt Nietzsches Tragik, Trauer, Schmerz und Leistung. Ambivalent als Sinken der Gesundheit, als Geschmack des Todes, als »Tränengeträufel« – und andererseits als Licht, Glut, Flut, Heiterkeit und Süße. Die »letzte Seligkeit« im Untergang, mit der Preisung der Sonne und der Liebe. Vor dem Wahnsinn ein letztes Trotzdem, eine Anbetung des Glücks. Des Glücks der Erlösung?

So empfinden manche, die den Freitod wählen: Ein erlösendes Ende der Schmerzen soll es sein, wird erstrebt. Bei Nietzsche: Die Fahne des Trotzes und der Schönheit wird bis zuletzt in der Trauer, gar als große Widerstandsleistung, hochgehalten.

Trauer um Ungelebtes – Hausfrau und Beruf

Wie viele Möglichkeiten im Leben bleiben ungelebt, nicht durchgeführt. Eine Behinderung macht Bewegung unmöglich, ein anderer bleibt ohne Ehe, der nächste ohne Kinder. Von Traumzielen, die nie bereist wurden, ganz zu schweigen. Traumberufe, die verpasst wurden, sind schon wesentlicher. Trauer um Fehlendes – das ist sehr häufig. Neben der Trauer wegen eines großen Schmerzes. Niemand stirbt wohl, wie es im Märchen scheinen könnte, satt des Lebens und mit erfülltem Leben. Wie viele unerfüllte Optionen dürften gerade auf dem Sterbebett, aber auch schon vorher bei Behinderungen oder Krankheiten, auftauchen und hochkommen. Chancen (zum Beispiel Heiratschancen) könnte man sie nennen. Mag es auch unrealistisch sein. Und mag es auch immer darum gehen, den verpassten Chancen nicht endlos hinterherzutrauern, sondern die anderen Wege, die sich ergaben, anzunehmen, ja sogar deren Sinn zu erkennen.

Hinzukommen Problematiken und Gefühle, die mit Schuld und Fristen zu tun haben. Dabei ist das Gefühl, selbst schuld zu sein, gravierend. Sich selbst verzeihen fällt am schwersten. Trauern gelingt eher, wenn man die Schuld fürs Unglück anderen zuordnen kann oder überhaupt jemandem oder irgendeinem Umstand (etwa dem Medikament). Schuldige zu finden ist zunächst heilsam – wenn auch oft ungut und ungerecht. Genauso ist Rache süß, das heißt, sie entlastet, wenn man sie abgeben/weggeben/durchführen kann – wenn auch sie oft ungut und ungerecht ist.

Unser Leben hat Zeiten, Phasen, Fristen. Da gibt es zum Beispiel eine ungelebte, versäumte Jugend. Da gibt es eine geraubte Kindheit und vieles andere mehr. Ein typischer Krisispunkt sind die Wechseljahre. Die Frist, um Kinder zu bekommen, ist abgelaufen. Was tun mit dem Fehlenden, wenn also Schwangerschaft nicht glücken wollte? Sich umbringen? Sich weiter jung halten? Endlos trauern? Natürlich darf getrauert werden. Aber wie oben gesagt: Sind wir nicht alle gravierend hinter unseren Möglichkeiten zurückgeblieben? Ist das nicht gerade Leben: immer wieder Festlegungen auf einen Weg? Die anderen Wege sind durch eine solche Wahl dann ausgeschlossen (oder das Schicksal ersetzte die Wahl), sie bleiben für immer ungelebt. Besonders bezüglich Schwangerschaft kann man sich im Alter nicht anders entscheiden. Welche Festlegungen können nicht schon Schul- oder Berufswahl sein? Die Aufzählung könnte endlos weitergeführt werden. So viel an Potenzial und Talenten bleibt bis zum Ende ungenutzt. Alle Lebewesen, auch die Pflanzen und die Tiere (übrigens auch die politische Geschichte), sehen am Ende, oft mit Trauer, die vielen Möglichkeiten, die nicht genutzt worden sind. Es ist üblich, es ist normal, es ist verbreitet, es ist eine *conditio humana*.

Im folgenden Traum geht es, so nach einer Analyse zur Sprache gekommen, unter anderem um nicht erlebtes Mutterglück:

»Ich habe ein Kinderheim mit einem großen verwilderten Park zu sehr ungünstigen Bedingungen an die Kirche vermittelt. Darüber bin ich ganz unglücklich. Eigentlich hatte ich das Heim behalten wollen, aber dann mußte ich es weitergeben. Ich habe keine Ahnung, warum ich es behalten wollte und warum ich es dann doch weitervermittelt habe. Auf jeden Fall habe ich lange geweint. Vor irgendetwas hatte ich große Angst. Ja, und dann war es ganz seltsam und sehr feierlich. Eine kleine Kirche war festlich geschmückt, viele Kerzen brannten, und mehrere Priester hielten für mich ein Hochamt ab. Die Orgel spielte und es wurde auch gesungen. Ich saß ganz allein auf einer langen Bank. Ich sah mich immer wieder um, ob vielleicht noch jemand kommen würde, aber außer mir war niemand da. Es war wie eine große Beerdigung und doch auch wieder nicht. Ich war nicht traurig und auch nicht mehr unglücklich, nur sehr bewegt. Durch bunte Kirchenfenster fiel ein leuchtendes dunkelrotes Licht. Als ich am Morgen erwachte, war ich immer noch irgendwie beeindruckt und nachdenklich« (Pössiger, 1981, Traum Nr. 7, S. 67).

Im »Kommentar« heißt es über die Träumerin: »Er [der Traum] zeigt den tiefen Lebenskonflikt einer beruflich außergewöhnlich erfolgreichen Frau, die sich seelisch vereinsamt fühlt, die Verlangen nach Liebe und Mutterschaft hat« (Pössiger, 1981, S. 67).

Das Kinderheim ist das körperliche und seelische Potenzial, Kinder zu bekommen. Der dazugehörige Park ist etwas verwildert, also nicht unbedingt beackert/kultiviert/gepflegt. Die Eros- und Emotionsmöglichkeiten sind nicht gehegt, nicht genutzt. Das Potenzial ist irgendwie, etwas unglücklich, weggegeben – an wen? An eine weibliche Autorität, an die Kirche. Sollte das eine autoritäre Mutter sein, an die »per Muss« (weiter-)gegeben worden ist? Wie die Weggabe, der Verlust der Kindermöglichkeit vonstatten gegangen ist, ist nicht bekannt. Das kann früh, in der Kindheit passiert sein, zum Beispiel wenn die Mutter selbst eher kein Kind wollte oder wenn sie sich überfordert, ausgenutzt fühlte wegen ihrer Tochter oder wenn sie die Tochter so erzog, dass sie immer nur für die Mutter da sein sollte, oder wenn sie die Tochter betont fromm/keusch/prüde erzog (Symbol *Kirche*) oder wenn die Tochter die Erwachsenenrolle als Kind übernehmen musste, die Mutter dagegen sich infantil gebärdete (Parentifizierung). Irgendwie weiß die Träumerin: Sie hat das alles unbewusst selbst getan. Bewusst aber hat sie keine Ahnung, warum. Jedoch ist große Traurigkeit das Ergebnis: »habe ich lange geweint«. Und Angst kommt hinzu. Unbekanntes macht Angst, nach Sigmund Freud. Es gibt Angst vor der unbekannten Zukunft und Angst, weil der Träumerin die Kenntnis fehlt, warum das alles geschehen ist.

Sehr oft ereignet sich in Träumen der Umschlag, die plötzliche Wende, ob als schmerzlicher plötzlicher Realitätseinbruch, als große Desillusionierung, oder ob als Weisheit, Trost, Gelassenheit, Sicherheit, gar Euphorie. Die *Katharsis,* so wird dies in der Dramentheorie genannt. Jetzt ist diese zentrale wie ominöse Kirche, die ihren unguten Aspekt am Anfang des Traums zeigte, »festlich geschmückt«, feierlich und positiv. Die Ambivalenz des Archetyps *Kirche* zeigt sich. Dieser Archetyp bedeutet: Mutterbauch/Schwangerschaftszeit (1), überhaupt Mutter (2) sowie Gemeinde/Gemeinschaft/Welt (3), also zuletzt etwas wie Familie/Gesellschaft/Gruppe, und schließlich natürlich auch der religiöse Aspekt (4) eines Menschenlebens. Da taucht zentral die Wahrheit auf, als Erinnerung und aktuell, vielleicht auch als Zukunft: »ich saß ganz allein«. Einsamkeit ist die Vorstufe von Tod – so kann man übertreibend zum Alleinsein sagen, wozu der Mensch nicht eigentlich gemacht ist und was Trauer und Schmerz hervorruft. Da sitzt sie, die Träumerin, mit ihrem Gefühl, mit ihrem Lust- und Erosangebot, mit ihrer Liebe, die anscheinend niemand will, mit ihrer Sehnsucht, mit Orgel und Gesang. Das ist so traurig, dass man sich wie bei einer Beerdigung vorkommt. Aber seltsam, die Priester halten gerade für sie ein Hochamt ab. Obwohl einsam, scheint sie doch einen besonderen Wert zu besitzen. Ist denn jeder von Gott doch geliebt? Und stellt ein zu feierndes Individuum dar? Alleinsein oder Nicht-Mutter-Sein sagt wohl nichts über den Sinn und Wert eines Menschen aus, der nicht nur spirituell ist, sondern auch fühlbar ist. Da ist man zu Recht »nicht traurig und auch nicht mehr unglücklich«, andererseits auch nicht hochgestimmt und selig, sondern »nur sehr bewegt«, also in neutraler Wertigkeit stark beeindruckt.

Und das »leuchtende dunkelrote Licht« der Liebe und des Lebens ist auf einmal da, in dem Fenster der sehr fragwürdigen und ambivalenten Kirche. »Fenster« ist das Traumsymbol für den Zugang zur Transzendenz. »Beeindruckt und nachdenklich« ist das Ergebnis der großen Schau und Einsicht im Traum. Nicht Ärger noch Schuld noch Trauer, nur neutrale innere Bewegtheit. Auch in Einsamkeit und Verlust leuchtet Dir, oh Mensch, ein Licht – das mag die Lehre des Traums sein.

Das Buch hier hat nicht die Absicht, zum Trauern immer Trost beizubringen und das Schmerzliche des Trauerns zu überspringen – aber der Trost kommt manchmal wie von selbst, aus der inneren Weisheit. Die Tröstung hat keinen oder wenig irdischen Charakter – sie ist eher transzendent. Das ist Art der Träume, das Ergebnis ihres tieferen Wissens. Träume verleihen jedem Menschen das Bewusstsein: Du bist geliebt bei Gott. Weniger spirituell gesagt: Du bist ein Wert per se, ein Wert an und für sich, wie Hegel sagt. Doch wenn man alle Träume vergisst oder sie für ein Nichts achtet, dann bleiben auch diese schönen Gewissheiten, sowieso nur ab und zu und zwischendurch eingeflößt oder geschenkt, auf der Strecke. Die Träumerin ist nicht Braut noch

Mutter, das kann weltlich traurig machen – aber Priester, Kirche, Orgel, Kerzen, Hochamt, rotes Licht dienen ihr; denen ist sie ein singulärer, ganz besonderer Wert.

Die eine Frau, beruflich erfolgreich, hat vielleicht die Sehnsucht nach Partner, Familie, Haus, Kinder. Die andere Frau verlässt ihren Beruf dagegen ungern, heiratet zwar nicht widerstrebend, aber fühlt sich vom Hausfrauendasein überfordert. Sie kann den Erwartungen des Ehemannes nicht genügen, lebt in Stress, in Schuldvorwürfen und in Aggression. Diese Frau träumt:

»Ich komme aus der Stadt und bin vom Einkaufen so abgehetzt und müde, daß ich nur noch ganz langsam gehen kann. Da sehe ich schon von weitem eine Menschenmenge vor unserem Haus. Aus dem Küchenfenster kommt eine riesige schwarze Rauchwolke. Es muß etwas Furchtbares passiert sein. Ich bleibe erschrocken stehen. Da springt mein Mann auf mich zu, als wollte er mich schlagen, und schreit: ›Du hast schon wieder alles abbrennen lassen!‹« (Pössiger, 1981, Traum Nr. 3, S. 61).

Das Leben als Hausfrau und Ehefrau macht sie müde und abgehetzt. Müdigkeit ist im Traum ein arges Symbol, ist ein Archetyp für Erschöpfung, Überforderung, Burnout, für eine körperliche und seelische Schwäche, von der eine ernste Krankheit nicht weit entfernt ist. Nicht umsonst gibt es den Begriff »lebensmüde«, des Lebens müde. Das Bild ist nicht auf die leichte Schulter zu nehmen. Im Traum steigert sich ja auch schnell, also logisch, die Müdigkeit zur »schwarzen Rauchwolke« und zur Befürchtung, dass »etwas Furchtbares passiert sein« kann.

Die Träumerin berichtet zu dem Traum aus ihrem aktuellen Leben: Das Hausfrauenleben befriedige sie nicht, sie mache immer wieder Fehler, es komme zu schweren Auseinandersetzungen mit dem Mann. Kuchen und Braten seien auch schon einmal verbrannt. Verheimlichen war nicht möglich. Im Traum lässt die Menschenmenge erkennen, dass sie sich vor den Leuten/Nachbarn schämt und dass sie sich angeklagt und schuldig vorkommt. Vielleicht hat sie wenig Verständnis und Unterstützung vom Ehemann. Vielleicht aber auch möchte sie unbewusst den Eklat, die Handgreiflichkeit des Ehemanns, um seine latente Aggression öffentlich zu machen, zu manifestieren, ja vor sich selbst bewusstzumachen. Am Ende steht jedenfalls ihr Unvermögen – ob als Komplex oder Realitätsabbildung. Am Anfang des Traums war schon enorm viel an latenter Traurigkeit, fast Verzweiflung oder wenigstens stillem Leiden zu spüren (»abgehetzt, müde, langsam«).

In dieser Ehe und/oder im Herzen der Frau liegt mehr vor als nur Sehnsucht nach dem Beruf und Unvermögen als Köchin. Da fehlt doch der Aufschrei: Ich schaffe es nicht! Ihre Wehklage – auch diese ist ja ein Ausdruck von Trauer – bleibt wortlos, bleibt ungesagt. Stattdessen passieren Katastrophen im Traum und es werden Ablehnung und Aggression von außen provoziert. Brennen und Schwärze und Rauchwolke sagen als Bilder/Archetypen allein schon genug über die Stimmung und Seelenlage dieser Frau.

Manchmal ist Traumdeutung schon erfolgreich, wenn man sich einfach nur die Bilder aus dem Kontext anschaut und sie herauslöst. Wie große Gemälde sagen sie oft mehr als die scheinbar kausalen und logischen Verknüpfungen in den Sätzen oder durch die Sätze. Sigmund Freud spricht von der »sekundären logischen Bearbeitung« gegenüber den Symbolen und dem Unbewussten. Der Trauerbegleiter sollte manchmal auf die aufgesetzten rationalen Geflechte nicht hereinfallen, sondern als Methode der Wahl *nur die Bilder sprechen lassen,* als eigenständige, unmanipulierte Informationen und Gefühle. Es kann sogar ein einziges zentrales Motiv eines Traums der Schlüssel sein für die ganze Traumgeschichte: Ein Bild, ein Gemälde sagt dann alles. Wie konzentrische Kreise wird das Hauptmotiv im Traum nicht selten nur weiter variiert, in variablen Formen abgehandelt. Fast jedes einzelne Symbol in diesem Traum zeigt die Überforderung.

Trauer über das Leid eines Angehörigen – Machtlosigkeit bei Demenz

Hilflos stehen wir da, wenn Trauer wegen des Leidens eines Mitmenschen, eines Angehörigen uns erfasst. Ohne eingreifen zu können, müssen wir zusehen. Ja, machtlos und ohnmächtig sind wir – etwas, was wir kaum aushalten können, besonders nicht, wenn es um einen von uns geliebten Menschen geht. Die Gefühle der Machtlosigkeit und der Sinnlosigkeit sind nicht selten und sie treten auch oft als Doppel auf. Tatenlos, mit-leidend müssen wir zusehen, warten und abwarten. Wäre nicht das Ende eines lang dauernden Siechtums, konkret das schnellere, vorzeitige Ende heilsam für alle? Doch wie oft müssen wir eine ungeheure Geduld aufbringen, bevor ein Mensch »von seinem Leiden erlöst wird«, wie es in den Todesanzeigen oft heißt.

Wir interpretieren ein solches Leiden, beispielsweise Alzheimer oder eine schwere Krebskrankheit über Jahre, als sinnlos. Und Absurdität und Sinnwidrigkeit sind besonders schwer zu ertragen. Sollte der Traum darüber aufklären können, dass ein übergeordneter Sinn auch und doch hinter dem absurd erscheinenden Leid steht? Dazu schauen wir uns einen Traum über den alten Vater an:

»In der Nacht vor seinem Tod träumte eine seiner Töchter, daß sie einen sehr großen und sehr schönen kunstvoll und bunt gewebten orientalischen Teppich vor sich hängen sah. Sie sah, wie am oberen Rand der letzte Faden eingezogen wurde. Sie begriff, daß dieser Teppich das Seelenwerk ihres Vaters war, das er in den letzten acht oder zehn Jahren still gewebt hatte, und jetzt, da es fertig war, war er frei und konnte gehen« (Edinger, 1990, S. 134).

Wir denken an den *fliegenden Teppich* als Motiv oder Archetyp: Das ist etwas wie eine Seele, die fliegt, also ein Leben im spirituellen Zustand. Jeder handgewebte Teppich ist anders, er ist ein Unikat, ein Individuum. Als solche zusammengeknüpfte Einmaligkeit stellt er eine Biografie dar, eine unverwechselbare. Die Knüpfarbeit, hier das Faden-Einziehen, ist die Aneinanderreihung der Lebensereignisse, ob Taten oder Passivitäten. Es wären auch andere Muster als Symbole für unser buntes oder abwechslungsreiches Leben denkbar, zum Beispiel Pflanzen, Gemälde, Videos oder ein Buch (sehr gern im Traum gewählt) – hier ist das Symbol *Teppich* verwendet, vermutlich weil die beiden Bestandteile der Teppichkette und der Teppichfäden so sprechend sind. Sie zeigen des Menschen Anlage, Determination und, darauf eingewebt, seine Freiheiten, eigenen Gestaltungen. Die Zusammenarbeit aus Basis und Zutat/Einzelschöpfung ist das Werk, das Lebenswerk, das Werkstück. Eine Arbeit und eine Kunst ist das Leben, richtig. Auch das Leben eines Kranken ist schön, kunstvoll und bunt, für Träumende, Sehende – nicht für einseitig bewusstseinsbetonte Zuschauer.

Die Intuition des Traums erkennt tatsächlich und überraschend Sinn im langen Leiden des Vaters. Während, wie von den Angehörigen berichtet wird, der Vater acht »sinnlose, senile Jahre« im Pflegeheim verbrachte. Er »schien niemanden mehr zu erkennen«. »Alle fragten immerzu: ›Warum stirbt er nicht?‹«, es wäre besser gewesen, wenn er direkt nach seinem aktiven Leben gestorben wäre, als es noch sinnvoll war, nämlich als er »in Arbeit und Beschäftigung« war, so dachte man (Edinger, 1990, S. 134). Viele aber weben still an der Vollendung ihres Lebenswerks. Wie der Vater hier. Und niemand draußen weiß, wann das Kunstwerk fertig ist. Und erst wenn es fertig ist, ist man frei und kann man gehen. Und niemand weiß, was das *Es* ist: Auftrag, Bestimmung, Schicksal, Wille, Plan, Prüfung, Spiel, vielleicht sogar etwas Sinnloses? Nur im Traum bekommt man die Antwort geschenkt: Was für ein großartiger Sinn verbarg sich doch hinter diesem Leiden unseres Angehörigen, das uns so traurig gemacht hat.

Die beiden angesprochenen Teppichbestandteile unseres Lebens werden im folgenden Traum als Leinwandunterlage und Webmuster bezeichnet. Zur Illustration des *Teppich*-Archetyps sei er hier angefügt:

»Ein Wandteppich wird aus dem Dachgeschoß heruntergebracht. Er besteht aus zwei getrennten Teilen, die verknüpft werden müssen – aus der Leinwandunterlage und dem Webmuster. Zuerst wird die Leinwandunterlage nach unten gebracht. Als nächstes sollte das Webmuster heruntergebracht werden. Wir sollten uns das Muster des Wandteppichs eingehend betrachten, um es zu verstehen. Dies erforderte das Zählen der Fäden. Das Muster war sehr reichhaltig und kompliziert« (Edinger, 1990, S. 133).

Eine junge Frau hatte diesen Traum einige Tage, bevor sie nach einem Test erfuhr, dass sie schwanger war. Das *Dachgeschoss* ist ein archetypisches Symbol für den Mutterbauch, für Schwangerschaft. Wie sieht das aus mit unserem Werden nach der Zeugung? Es scheint, dass das körperliche Gewebe das Erste ist und dass die biografischen Einzelheiten, nämlich etwa Seele, Geist, Erfahrung, dann »als nächstes […] heruntergebracht werden«. Wir müssen Körper, Biologisches, Basis schon im Mutterbauch, aber spätestens ab der Geburt wohl »verknüpfen«, und zwar mit dem »reichhaltigen« und »komplizierten« Individualitätsmuster. Letzteres ist nach dem ersten Traum das Seelische, das Seelenwerk. Jeder »Faden«, das heißt jedes Ereignis im Leben, auch Leiden und Trauern, verdient, gezählt zu werden. Man beachte das Verb »erzählen/er-zählen«, um eine Geschichte zu rekapitulieren oder mitzuteilen. Ist Aufzählung, sprich eine Reihe, ein Nacheinander, ein Hintereinander, der Kern von Geschichte, Erleben, Biografie? Erlebnisse in einer Zeitschiene ab- und durchzuleben – das scheint Welt zu sein. Dazu gibt es anderenorts tatsächlich Träume, die den Inhalt haben, dass es Sinn und Absicht von Inkarnationen sei, einmal *Zeit* zu erleben. Das Charakteristikum von Zeit ist das Nacheinander. Das Geheimnis von Welt scheint Zeit, Aufzählung, Zählen zu sein – kürzer kann man es nicht ausdrücken. Der Gegenpol der materiellen Weltschöpfung, etwa als Ewigkeit, ist dann ohne Nacheinander zu denken, ist logischerweise zeitlos.

»Eingehend betrachten« und »verstehen«: das heißt, dass jeder Faden zu würdigen ist. Kein Faden ist sinnlos – auch die Trauer gehört zum fertigen Seelenkunstwerk, es wäre sonst nicht vollständig.

In beiden Träumen spielen Mitmenschen für eine Biografie eine wichtige Rolle. Wird das zu oft übersehen? Die Tochter ist die Erkennende, Benennende bezüglich des Lebenswerks ihres Vaters. Und im zweiten Traum sollen die Eltern, als Wir, sich eingehend kümmern um den »Teppich« ihres zukünftigen Kindes.

Trauer, Sehnsucht und Verzicht

Es geht um die Kommunikation mit der Person, die verloren gegangen ist – ob nun weggegangen oder verstorben. Weggegangen für immer ist dem Verstorbensein gleich. Verena Kast spricht von der dritten Trauerphase, von der »Phase des Suchens« (Kast, 1982/1999, S. 50). Genauer geht es um: Trauern – Suchen – Wiederfinden – Loslassen. Das Ende ist ein Wieder-loslassen-Müssen, unfreiwillig, unter Schmerz, Enttäuschung. Dies kann sich beim Besuch einer Stätte abspielen, wo man mit dem Verlorenen Leben, Liebe teilte. Es kann sich auch ereignen mit einem Erinnerungsfoto des geliebten Verstorbenen. Wenn diese Phase im Traum vonstatten geht, dann fällt das Ende, auf den gesuchten Menschen wieder verzichten zu müssen, mit dem Traumfinale zusammen, was wiederum oft in Träumen der Realitätseinbruch ist, also die Desillusionierung, die Wahrheit, die Realität.

Interessant und auffällig ist generell, dass man von Verstorbenen träumen kann, so als ob sie lebten und kommunizierten, und man zugleich genau weiß, dass der Betreffende tot ist, also zum Beispiel im Sarg oder beerdigt. Da denkt man vielleicht unwillkürlich an Auferstehung. Das träumende Ich kommuniziert mit Verstorbenen wie alltäglich/normal/üblich, also auffallend selbstverständlich – zugleich im klaren Wissen um den Tod. Was ist das für ein Wissen oder Bewusstsein? Ist diese Weisheit gemeint: Der Verstorbene ist in der Anderwelt und zugleich (oder dort) auf eine Weise existierend? Am Ende eines derartigen Traums kommt als Realitätseinbruch nicht etwas wie: den Verstorbenen gibt es nicht mehr – sondern: Der Abschied ist endgültig. Das ist doch klug, mehr kann man nicht sagen. Die Trennung am Schluss des Traums ist aber natürlich schmerzlich oder enttäuschend, die unterbrochene Trauer des Tages beginnt von neuem. Allerdings enthalten mehrere Träume zu Verstorbenen in aller Regel auch mehrere Botschaften. Von den Informationen sind auch einige großartig. Man erfährt nämlich von geliebten Toten im Traum: dass sie sich entschieden, einem neuen Weg, Ziel zu folgen, dass sie sich bei Vertrauten bewegen, dass sie neue Kleider und neue Aufgaben haben und »dass gerade wegen des Todes das Leben einen Sinn hat« (Kast, 1982/1990, S. 62).

Die letzte Aussage zu kommentieren bräuchte es ein Philosophieseminar. Dazu ist hier nicht der Platz. Nur so viel: Wenn das Leben einen Sinn hat, muss auch der Tod als genuiner Teil des Lebens einen Sinn haben (ähnlich wie die Geburt). Es ist kritisch zu sehen, einen Lebenssinn zu konstruieren und dabei aber den Tod elegant außer Acht zu lassen. Man kann kein Element des Lebens in der Sinnsuche übergehen, auch das Leid nicht. Nicht nur das Glück hat Sinn – dazu braucht man nicht zu philosophieren. Vermutlich ist der Sinn des Todes der, das Leben hinter sich lassen zu können, also Transitorisches als Weltprinzip annehmen zu können. Das Leben mag lehren: Nichts kann man halten, alles fließt *(panta rhei)*. Lerne am Leben: Das Vorübergehende ist das Prinzip; nichts ist das Wichtigste, weder du noch dein Leben noch irgendein Zustand; bejahe das »Stirb und Werde« (Goethe), die Entwicklung, die ständige Wandlung. Und es könnten ja noch andere attraktive Zustände existieren – wer weiß. Wir wissen nicht, wie vernichtet die Verstorbenen wirklich sind.

Das Wissen des Träumenden enthält die wagemutig klingende Idee, dass das Leben besonders aufgrund des Todes Sinn habe. Das kann man auch so ausdrücken: Der Sinn des Lebens sei der Tod. Dazu passt Søren Kierkegaards ebenso extreme wie aber vielleicht auch kritisch zu sehende Feststellung: »Die Bestimmung dieses Lebens ist: zum höchsten Grad von Lebensüberdruss gebracht zu werden« (Kierkegaard, 1855/2013, S. 37); das Leben sei eine Prüfung und, nun von ihm positiver formuliert, mache »für die Ewigkeit reif«.

Mit dem Loslassen ist konkret die Aufgabe für den Trauernden gemeint und gestellt: zurück in das Leben und in den Alltag zu gehen, ohne den Betrauerten, und zwar allein (ganz wichtig) oder wie allein. Wir sehen das deutlich in dem Traum der jungen Elena drei Wochen nach dem Tod ihres jungen Freundes Georg:

Georg schreibt mir einen Brief. Er bittet mich, ihn zu besuchen, und nennt mir als Treffpunkt einen Grenzbahnhof. Ich treffe ihn. Wir sind in einem Eisenbahnzug, zusammen mit anderen Menschen. An einer bestimmten Stelle müssen wir alle aussteigen, nur Georg darf und muß weiterfahren. Ich versuche, bei der allerhöchsten Stelle durchzusetzen, daß ich weiterfahren darf, daß ich mit Georg mitfahren darf. Es nützt alles nichts. Ich werde von dieser höchsten Stelle überhaupt nicht empfangen.

Wir verabschieden uns zärtlich – ich bin wie betäubt. Ich muß nun den Zug suchen, der zurückgeht. Ich suche endlos, wechsle Bahnhöfe, habe das Gefühl, die ganze Nacht den richtigen Zug zu suchen. Irgendwann bin ich dann in einem Zug, der zurückfährt. In diesem Zug sind viele Menschen, ich habe Angst vor diesen Menschen – auch ist kein Platz da für mich. Ich stelle mich zwischen zwei Zugwagen. Ich erwache ganz gerädert (Kast, 1999, S. 51).

Der Grenzbahnhof ist ein passendes Symbol, Elena und Georg treffen sich auf der Grenze zwischen diesseitiger und transzendenter Welt. Auf Bahnhöfen kommen Wege, Richtungen, Personen zusammen. Am Anfang des Traums läuft alles noch wie normal/alltäglich ab, wie halt auf der Erde üblich, vielleicht wie früher: Der Zug ist voller Reisender, Erdenbürger. Die aktuelle Realität bricht aber in diesem Traum schon schnell ein: Es »müssen wir alle aussteigen«. Die »bestimmte Stelle« ist wie ein *point of no return*. *Aussteigen* allein reicht schon als zentraler Archetyp (des ganzen Traums): Elena muss/musste aus der Beziehung mit Georg aussteigen. Nichts kann bleiben, wie es ist. Sie würde gern bei ihrem Freund bleiben. Sie hatte doch das Leben mit ihm geplant. Also geht sie zur »allerhöchsten Stelle«, um »durchzusetzen«, dass sie »mit Georg mitfahren darf«. Aber Schicksal oder Gott als höchste denkbare Instanz sind unerbittlich. Im Büro der Weltenlenker reagiert niemand, ein Sterblicher wird dort nicht empfangen. Der Olymp ist geschlossen. Niemanden dort oben tangiert es. Im Koran heißt es: »Was kümmert's uns« (ob jemand glücklich oder unglücklich ist auf Erden), sagt Allah, und er meint damit: Bei Gott zählt nicht, ob jemand Glück oder Leid hat, es berührt keinen Gott. Es ist dies auch eine Weisheit im Traum: Appelle an die höchste Instanz sind bei Tod unnütz. Für den Trauerprozess ist das eine gute Einsicht.

Die Liebe zu Georg ist geblieben: »Wir verabschieden uns zärtlich.« Sie »muss nun einen Zug suchen, der zurückgeht«. Richtige Einsicht über das, was ansteht, was die zentrale Aufgabe nach dem Tod des Verlobten ist: Weg, Richtung, Neuanfang suchen; und, hart zu sagen und für die Zukunft vorweggenommen: Georg aufgeben. Das Leben spült einen neuen Zug, eine neue Richtung heran: Da ist sie auf einmal mit darin. Aber so frisch nach dem Tod ist sie noch nicht bereit, mit neuen anderen Menschen Kontakt aufzunehmen. Auch das eine richtige Einsicht: Die Emotion will noch keine Zuwendung zu neuen Menschen. Im Gegenteil, als »viele« stören sie, sie machen »Angst« (heißt immer auch latent: lösen Aggression aus). Tiefe Trauer hat am Anfang dies Typische »kein Platz für mich da« – nirgendwo. Wäre es für mich nicht auch besser zu gehen (Suizidrisiko)? Es braucht Zeit, die müssen der Begleiter und der Trauernde konzedieren, einplanen, bis wieder Neuanfänge, in Zuwendungen, Interessengebieten, mit anderen Menschen möglich sind. Am Anfang der Trauer fühlt man sich noch »zwischen zwei Zugwagen«, die in verschiedene Richtung ziehen. Das gilt es auszuhalten, zerrissen zwischen zwei Zielen.

Krebs: »Tief deprimiert« – bitter ist's, zu gehen
Botschaften aus der Tiefe der Seele

Schockierend ist die Erstnachricht, an Krebs erkrankt zu sein. Bodenlos ist die Trauer. Illusionslos träumt der Betroffene nicht selten sein Ende voraus. Therapeutisch kann der Prognostikaspekt aber nicht oder nur wenig verwendet werden. Es wäre gefährlich und unverantwortlich, das Ergebnis der Krankheit anders als offen zu sehen. Die Zukunft ist niemandem zugänglich, selbst wenn sie für einen eingeweihten Zustand sichtbar sein mag. Die Träume zu einem möglichen finalen, letalen Ende der Krebskrankheit sind nicht besprechbar oder diskussionswürdig, mögen sie nun Angst oder Realität abbilden, sie sind des Patienten eigenstes Feld. So wie der Arzt eine Prognose zur Krebskrankheit, obwohl er gedrängt wird, aus mangelnder Sicherheit des Urteils vermeidet, kann und soll auch der Trauerbegleiter einen Traum, der Zukunft zu sein anmutet, nicht interpretieren. Es gilt, sich therapeutisch zurückzunehmen. Aber, das ist wichtig, es gilt, einen solchen Traum ernst zu nehmen. Denn der Klient spürt, um welchen Traum es sich hier handelt, wenn er ihn denn erinnert.

Wenn Menschen einen elementaren Traum, der für ihr Leben Bedeutung hat, erinnern, dann sprechen sie gern von einem »Klartraum«, obwohl das keine fachlich richtige Bezeichnung ist. So hört man dann diese Rede: »Diesen [einzigen] Traum vergesse ich mein Leben lang nie.« Das wird schon Sinn haben, der Traum war bedeutend. Der Klient hat das Recht, dass ihm ein Traum, den er für eine Faktizität, eine Zukunft oder auch für eine Todesbotschaft hält, nicht ausgeredet wird. Auch das gehört zum Ernstnehmen. Der Trauerbegleiter, selbst wenn er die fraglichen Träume nicht seinerseits behandelt, sollte das Hintergrundwissen haben, dass theoretisch und in Einzelfällen das Unbewusste ein höheres Wissen als das Bewusstsein, auch zur Krebskrankheit, haben kann. H. Petzold, Herausgeber des unten folgenden Traums, weiß, dass archetypische Träume den Tod zum Inhalt haben können, doch sie werden »von Therapeuten in ihrer tieferen Bedeutung heute noch oft nicht erkannt« (Petzold u.

Bubolz, 1979, S. 136). So träumt ein 50-jähriger Mann, der an Krebs erkrankt war und vor einer zweiten Operation stand, Folgendes:

»Er ging durch einen winterlichen Wald. Es war düster und kalt. Schnee lag am Boden. In der Ferne hörte man das Singen einer Kettensäge und wie von Zeit zu Zeit ein großer Baum krachend zu Boden fiel. Der Träumer fühlte sich tief deprimiert. Plötzlich war er wie auf eine höhere Ebene versetzt. Auch hier war Wald, aber es war Sommerzeit, und das Sonnenlicht spielt durch das Laub, und das grüne Moos am Boden leuchtete auf. Der längst (vor 30 Jahren) verstorbene Vater des Träumers war da und sagte lächelnd: ›Siehst du, hier ist wieder Wald und Leben. Achte nun einfach nicht mehr auf das, was da unten noch geschieht‹« (Petzold u. Bubolz, 1979, S. 136).

Ohne die Biografie des Träumers kann man diesen Traum aus der Verwendung der Archetypen heraus (der Traum spricht für sich) interpretieren: *Wald* ist Vegetation, Leben, auch Unbewusstes. *Winterlich* (düster und kalt) ist lebensfeindlich. *Schnee* lässt anklingen: Das ganze Leben erstarrt. Ein *Baum* ist ein Ich, ein Personen- und Lebenssymbol. Wenn ein Baum krachend zu Boden fällt, ist der entscheidende Sturz, der Fall eines Menschen, unübersehbar. Gefällt wie ein Baum heißt machtlos, vielleicht sogar tot (kein Baum steht wieder auf). »Tief deprimiert«: Diese Hoffnungslosigkeit ergreift uns, realistischerweise, nicht nur vor dem Sterben, sondern schon bei einer deprimierenden Krebsnachricht. Umgekehrt, wenn die Nachsorge keinen Krebsbefund mehr ergeben hat, fliegt der Mensch, aus der Arztpraxis, ins Freie, beseelt und selig.

In dem Traum nun ereignet sich das Umschlagsphänomen, das wir auch sonst aus besonderen Leidzuständen her kennen und insbesondere aus jedem der vielen Nahtod-Erlebnisse. Als Beispiel sei aus dem Nahtod-Bericht der Monique H. zitiert. Wandlung und Umschlag im Krankenhaus geschehen auf dem Höhepunkt von Angst, Schmerz, Schwärze: »Ich fühlte mich sicherer als je zuvor […], in kindlicher Unschuld und Naivität, […] reifer als je zuvor, […] ich fühlte mich […] beschützt, […] es wurde heller« (van

Lommel, 2009, S. 221). Ich »spürte zugleich, dass mich ein schützende Hülle umgab. Ich stieg immer höher hinauf, weiter fort von meinem Leben und näher zu dem, was mir wie das wahre Leben erschien« (S. 225). In unserem Traum wird überraschend/schlagartig eine höhere Ebene erreicht, das heißt plötzlich, als Umschlag. Auch hier bedeutet Wald Vegetation, Wachstum, Grün, aber in Sonnenlicht und ähnlichen Positiva. Da fällt der Abbildcharakter auf. Mit anderen Worten, es könnte sein, dass die Erde ein Abbild, aber eine recht unvollkommene Kopie der himmlischen Welt, ihrer Idealität ist, wie man sich das Paradies etwa im Gegensatz zu einem verwilderten, auch schadhaften Garten vorstellen muss. Das hieße: transzendente Welt = vollkommen – Materie dagegen (als Nachahmung) = mangelhaft. Ein Beispiel: Das »himmlische Jerusalem«, selbstverständlich vollkommen, hat auf Erden ein Abbild-Jerusalem, eine Kopie mit Mängeln. Es kann sein, dass die himmlische Idee (griechisch *idea, eidolon*) die Abbilder erzeugt, ohne die vollkommene Idee hätten sie kein Sein. Das ist klassische Philosophie, nämlich die Ideenlehre Platons. Es ist die (gedachte oder reale) Jenseitswelt, die ideale Alternativwelt schlechthin, in der der Träumer sich umschlagartig befindet. Da überrascht nicht, dass die verstorbenen Lieben ihn empfangen. Interessant der Rat des Vaters: nämlich nicht unbedingt die Welt zu vergessen, zu verdrängen, sondern einfach nicht mehr auf sie zu achten. Nicht ungeschehen oder verurteilt oder hochgeschätzt ist das Erdenleben, sondern keiner Aufmerksamkeit mehr wert. Das, so scheint es, ist die Weisheit des Himmels – sowie desjenigen Menschen, der innerlich oder träumend mit dem Erdenleben abgeschlossen hat.

»Die Kettensäge spielt wohl auf den brutalen Operationseingriff an, der dem Träumer bevorstand und den er nur zwei Monate überlebte« – so deutet Petzold (Petzold u. Bubolz, 1979, S. 136) die Szene mit der Säge, eine Deutung, die man unterstützen kann.

Ein weiterer Traum derselben Person lautet so:

»Er gehe einen von Bäumen und Sträuchern bewachsenen Hang hinauf. Ein Waldbrand hatte gewütet und alle Vegetation, obwohl sie noch grün war (!), völlig verbrannt. Alles war schwarz verkohlt. Da sah der Träumer einen großen roten runden Sandstein. Er rief aus: ›Den hat es nicht verbrannt, er hat sogar keinerlei Brandspuren!‹« (Petzold u. Bubolz, 1979, S. 136).

Brennen/Verbrennen/Brand ist ein zentraler, uralter Archetyp für Tod und Vernichtung. Auf den letzten Bildern, in nonverbaler Kommunikation, stellen sich Krebskranke oft »in Flammen« dar. Der »Hang hinauf« ist der Lebensweg des Träumers. Die »Vegetation« ist sein biologisches Leben, diese ist eigentlich noch jung = *grün*. Auch hier der Umschlag: der »große rote runde Sandstein [...] keinerlei Brandspuren«. Der stellt also etwas Unzerstörbares dar, ein Element im Traum, das zeigt: Hier ist alles unversehrt (im Gegensatz zu Körper und Pflanzen).

Was ist dieses Etwas von uns, was den Tod überdauert? *Rund* heißt Leben, *rot* Lebendigkeit, Energie. Petzold schreibt dazu: »In der abendländischen alchemistischen Tradition ist der ›Stein‹ ein Symbol des Auferstehungsleibes. In seiner Vollendung (der sogenannten Rubedo-Rötung) ist er rot. Er stellt einen unsterblichen Seelenkern des Individuums dar (vgl. Jung, GW 13, S. 105ff)« (Petzold u. Bubolz, 1979, S. 136; vgl. auch C. G. Jungs Arbeiten über die Affinität des Individuationsprozesses zur Alchemie, Jung, 1975). Der Stein der Weisen ist ähnlich dem Eckstein, Steine sind dauerhaft. Der Archetyp *Buntsandstein* ist grundsätzlich spirituell. Er stellt hier das überlebende Fazit des Lebens des todgeweihten Krebskranken dar. Ihn als Stein der Transzendenz zu benennen wäre zu schwach, er ist der Stein der Aszendenz (was man annähernd mit Himmelfahrt übersetzen kann). Er ist wie der ägyptische Vogel Benux/Phoenix aus der Asche. Vor jeder Auferstehung liegt aber auch ein Untergang.

Hochspirituelle Erkenntnisse oder außersinnliche Wahrnehmungen über die psychosomatischen Gründe einer Krebserkrankung sowie über das Weiterleben nach dem Krebstod sind auch unter LSD, ohne allerdings hier den Drogen das Wort zu reden, möglich (vgl. Grof, 1980).

Die Informationen aus dem Unbewussten, ob per Traum, per LSD, per Meditation oder durch sonst ein mystisches, erleuchtungsähnliches Erlebnis, schenken dem Menschen die Chance, seinen hoffnungslosen körperlichen Verfall mit Schauungen über die Ewigkeit seines Seins auszugleichen. Besonders Träume zeigen immer wieder, dass das Leben nach dem Sterben weitergeht.

Ein neuer Platz für den Verstorbenen

Eine 32-jährige Frau hatte vor zwei Jahren ihren Mann durch Tod verloren. Nun taucht ein neuer Mann auf, in den sie sich verliebt. Wie nicht selten gibt es innere Konflikte in der Frau der Art, dass sie auf der einen Seite weiß, dass sie noch relativ jung ist, vielleicht noch ein längeres Leben vor sich hat und vernünftigerweise eine Partnerschaft, oder gar mehr, nicht ausschließen sollte, dass sie aber auf der anderen Seite eine Art Verrat gegenüber dem Verstorbenen spürt, sich also deutlich in Schuldgefühlen erlebt. Ein typischer Konflikt zwischen Bewusstem und Unbewusstem, der bei Trauernden nicht selten ist. Da träumt sie folgenden Traum:

Sie hat ihr Portemonnaie in der Hand. Sie hat irgendwie damit zu tun beziehungsweise öffnet es. Erstaunlicherweise hat es viele Fächer. In einem Fach ist das Foto ihres verstorbenen Mannes, sorgfältig, geschützt in Silberpapier oder Stanniolpapier eingepackt. Auch befindet sich in einem anderen Fach Schokolade. Am Ende nimmt sie das Foto ihres Mannes heraus und steckt es in ein anderes Fach (Klientin, unveröffentlicht, 2012).

Der aktuelle Hintergrund, der den Traum ausgelöst haben dürfte, das Freud'sche »rezente Material« des Tages, ist schon angesprochen: eine neue Bekanntschaft. Des Weiteren lassen wir die Archetypen für sich sprechen. *Portemonnaie, Geldbörse* und *Geld* bedeuten persönliche Schätze, Kostbarkeiten, mit denen man Austausch betreiben kann. Erfahrungsgemäß geht es bei *Geld* und *Geldbörse* um Sex und Erotik. *Geldstücke* im Traum sind Liebesstücke. Die Träumerin schaut sich also den Eros an, der in ihr ist, den sie hat, den sie geben könnte und den sie erhalten könnte. Ihr Erosbereich ist verständlicherweise noch besetzt vom geliebten verstorbenen Ehemann. Auch sie selbst hält ihn dort gern fest. Sie »konserviert« den Ehemann für sich. Sie hat ihn verloren, aber in ihrem tiefsten Gefühlsbereich, im Portemonnaie, gibt sie ihn nicht auf, nicht her. Die silbrige Verpackung des Fotos spricht nicht für Vitales, sondern kann indirekt zeigen, dass der Mann auf dem Foto tot ist. Ist auch die Beziehung über Gebühr konserviert, geschützt, nicht mehr lebendig (wegen des Traumsymbols *Silber*)? Dann fällt ihr Blick auf die Schokolade. Diese befindet sich in einem »Fach« ihrer Persönlichkeit, ihrer Gefühle, ihrer Seele, ihres Eros. Schokolade ist ein Aphrodisiakum. Es geht also um Lust, Lustfähigkeit, Lustbereitschaft, Luststreben. Das heißt, anders als ihr Bewusstsein und Schuldgefühl und Verpflichtungsgefühl spricht der Erosbereich der Träumerin deutlich für eine neue Beziehung mit einem Mann. Die Schokolade, dieser Genuss oder Drang, dieses Befriedigungsziel, gibt den Ausschlag, dass sich die Frau zu einer Aktion im Rahmen der »Traueraufgaben« nach William Worden (2011) entscheidet: Sie gibt ihrem verstorbenen Mann ein anderes Fach = einen neuen Platz. Einen neuen Platz in ihrem Herzen, in ihrem Leben, in ihrem Eros- und Gefühlsbereich. Sie hat ihren Mann nicht »entfernt«, sondern in eine andere Position gesetzt. So ist der Konflikt, den sie hatte, gut gelöst. Die Trauer ist in ihrem Portemonnaie eingeordnet, positioniert, das Weiterleben kann beginnen. Der Traum ist zu nutzen als besseres Wissen, als Lösungsvorschlag in einem Konflikt, als Vorgriff, als Modell für einen Schritt in der Trauerarbeit, der anstehen könnte. Der Traum zeigt, was sich in der Realität anbietet oder anbieten könnte.

Wie gehe ich sinnvoll mit einem Traum um? Sieben goldene Regeln für die Praxis des Trauerbegleiters

Träume erinnern und erzählen – Die REM-Phasen

Einen Geheimtrick für die Traumerinnerung gibt es nicht. Als Erstes ist aber wichtig, und das kann man sich leicht vornehmen, morgens beim Aufwachen die Augen nicht zu öffnen, sondern die Lider geschlossen zu halten. Denn das Licht ist der Feind des Traums. Gewisse weitere Autosuggestionen sind nützlich: Man soll sich erst einmal mit kleinen Trauminhalten zufrieden geben, die vielleicht nur Traumreste sind, und bescheiden diese länger sammeln, das heißt erinnern wollen. Man kann sich auch einen Zettel unter das Kopfkissen legen, mit einer Frage, zu der man sich, wie im altgriechischen Heiltraum in Delphi, eine Antwort in der Nacht wünscht, oder einen Zettel mit dem Wunsch, morgens den letzten Traum zu behalten. Gegen Morgen, in der flacheren Schlafphase, sind die Träume leichter festzuhalten. Suggestiv positiv wirkt auch, sich Schreibzeug oder eventuell ein Diktiergerät griffbereit neben das Bett zu legen, um sich zuerst einmal Stichworte zu einem Traum aufschreiben zu können. Diese Utensilien signalisieren dem Unbewussten, dass man es ernst meint mit der Erinnerung.

Eine sehr fruchtbare Übung ist es, sich am Tagesbeginn gegenseitig die Träume zu erzählen – sofern man Partner oder Kollegen für so etwas hat. Das stärkt auf Dauer die Traumerinnerungskraft; es wird ein Usus daraus. Man kann sich auch selbst den Traum laut vorerzählen, zum Beispiel bei einem Spaziergang. Diese Art, Unbewusstes zu ent-äußern, also nach außen sich gegenüberzustellen und sprachlich »auf den Begriff zu bringen«, wie Hegel das nennt, ist adäquate Menschenart, um sich etwas bewusstzumachen. Man staunt, wie bei dem Aussprechen des Traums Einzelheiten spontan und wie von selbst erkannt verstanden werden. Für das Niederschreiben der Träume, etwa im Sinne eines Traumtagebuchs, gilt das auch.

Es geht bei der Erinnerung von Träumen um eine sich einschleifende Übung (wie beim Autogenen Training), um eine Gewohnheit, nicht um ein Zaubermittel. In der Nacht haben wir ein intensives, umfangreiches Leben und Erleben, und das wird als echt, real empfunden (nicht als Traum) und das rutscht sozusagen morgens ins Unbewusste weg; es ist also nicht gelöscht, nur vergessen. Möglich ist, am Tage sich über den Weg eines ähnlichen Symbols, das man sieht, etwa über einen speziellen Torbogen, spontan wieder an einen Traum der Vornacht zu erinnern, in dem genau so ein Torbogen vorkam. Aus alten, scheinbar vergessenen Träumen stammen auch die Déjà-vu-Erlebnisse; durch einen entsprechenden Anlass, auch durch vergleichbare Gefühle, taucht ein Traumwissen aus dem Pool des Unbewussten wieder auf als aktuelle Information.

Das Vergessen nach der Nacht vergleichen manche mit der Geburt, bei der man das pränatale Vorwissen vergisst, oder auch mit dem Sterben als Gehen in eine neue Dimension, wo man ebenfalls »über den Fluss des Vergessens fährt«, über die »Lethe«. Teilweise ist dieses Vergessen sinnvoll, damit wir uns mit einem anderen Momentanbewusstsein den Dingen, den Anforderungen des Tages, des Lebens stellen können, uns zum Beispiel morgens dem Toilettengang und dem Frühstück konzentriert zuwenden können.

Man kann das Unbewusste nicht dazu zwingen, Träume zu behalten, denn es macht, was es will. Möglich ist auch, dass der Träumer innere, ihm unbekannte Widerstände hat. Dann kann manchmal dies helfen: Gib auf. Es gibt ein Gesetz der sich selbst behindernden Anstrengung. Vielleicht bekommt man danach eine Traumerinnerung geschenkt.

Gelingt es einem also, morgens im Schlaf mit geschlossenen Augen einen Rest des Traums zu behalten, vor sich Revue passieren zu lassen, so sollte man den Inhalt (noch im Bett) sich ein paar Mal wiederholen, und zwar: reduziert auf Stichworte, als würde man diese auswendig lernen wollen. Auch für das schriftliche Festhalten, etwa mitten in der Nacht, reichen erfahrungsgemäß Stichworte zuerst einmal aus. Allerdings liegt es nicht jedem, nach Traumnotizen während der Nacht leicht wieder einzuschlafen. Das ist nur etwas für Menschen mit gutem Schlaf.

Unvermittelt kann man ohne eigene Absichten einen Traum behalten, wenn er sehr klar und eindringlich oder auch sehr gefühlsstark ist. Dadurch kann man aufwachen. Die ganze Information steht prägnant vor dem inneren Auge – manchmal vergisst man sie ein Leben lang nicht. Die große Bedeutung und Wichtigkeit solcher zentraler Träume hat das hervorgerufen. Jedenfalls ist die Aussage mancher Menschen falsch, die behaupten, nie zu träumen. Diese Menschen erinnern sich nur nicht.

Zu wissen, wer man ist, ergibt Individualität und Identität. Dazu tragen Erinnerung generell sowie Geschichte, Tradition und Traumerinnerung bei. Ohne alle Erinnerung gleicht man einem Hirnverletzten, der nicht weiß, wer er ist, woher er kommt. Dieser Mensch hat keine Selbstidentifizierung. Es ist auch schon durch Operationen (Hippocampus-Entfernung) bei Menschen die Erinnerung total gelöscht worden. Pythagoras (570–510 v. Chr.), dessen Anhänger eine spezielle Memorierungstechnik betrieben, und Buddha haben durch vollständige Erinnerung, in diesem Fall an frühere Inkarnationen, Wahrheit, Freiheit, Souveränität, Erwachen, Erleuchtung erlangt. Vergessen und Nichtwissen machen dagegen abhängiger – allerdings sind sie ein Motor für Aktivität, jedoch auch für Hektik und Aggression. Durch Traumerinnerungen setzen wir eine zersprenkelte, eine verletzte, eine fragmentierte Seele wieder zusammen wie ein Puzzle. Das Wissen über das Unbewusste und das Früher kann die Seele heilen, statt zersplittert wird sie ganz. Aus psychischem Herumirren wird dann Festigkeit.

Manche führen, um ihre Ganzheit zu finden, ein Traumtagebuch. Dies ist ein probates Mittel zum Verständnis der eigenen Identität, zur Reparatur der Seele, zur Jung'schen Individuation (der Weg vom Ich zum Selbst). Liest man Jahre später in einem solchen Traumtagebuch, erstaunt man nebenbei, wie in den Träumen doch auch die Zukunft vorweggenommen war; das ist dann mittlerweile durch Lebensereignisse verifizierbar. Träume informieren nicht nur, sie antizipieren auch. So konzeptionieren sie auch die Fortschritte in der Trauerarbeit.

Es gibt Menschen, die bei einem Aufwachen in der Nacht den vorangegangenen oder angefangenen Traum behalten und beim Wieder-Einschlafen rekapitulieren oder fortsetzen, wie von selbst oder beabsichtigt. Ähnlich gibt es individuell unterschiedliche Varianten, wie der Körper beim Traumgeschehen mitspielt, etwa per Bewegung oder Sprechen/Lallen bis hin zum Schlafwandeln.

Insgesamt erinnert man sich an schlechte Träume öfter. Das hat damit zu tun, dass negative Träume, etwa Albträume, stärkere Emotionen auslösen, den Träumer mehr aufrütteln. An Angst erinnert man sich unbewusst immer stark. Das Verhältnis von guten zu schlechten Träumen ist aber statistisch wohl eher ausgeglichen.

Sogenannte REM-Phasen sind flachere Schlafphasen, in denen man schnelle Augenbewegungen unter den Lidern beobachten kann – im Unterschied zu Tiefschlafphasen. Englisch heißt die Augenbewegung *rapid eye movement,* abgekürzt REM. Zunächst einmal ist es ein rein körperliches Phänomen, dass es tieferen und flacheren Schlaf im Wechsel gibt. In der tiefsten Schlafphase zeigt das EEG die langsamsten Wellen. Blutdruck und Puls sind im Tiefschlaf niedriger als in den flachen Schlafphasen. In den REM-Phasen sind die Muskeln relativ weitgehend gelähmt oder entspannt, wohl zu dem Zweck, dass man die Traumbilder nicht mit körperlicher Reaktion begleitet, dennoch ist man, aufgrund verschiedener Kriterien, in den REM-Phasen insgesamt dem Wachsein näher als in den Non-REM-Phasen. Etwa fünfmal pro Nacht wiederholt sich der Rhythmus, dabei werden gegen Morgen die REM-Phasen länger und die Tiefschlafphasen sowohl kürzer als auch flacher. Der Anfang der Nacht weist den tiefsten Schlaf auf. Nach etwa eineinhalb oder zwei Stunden kehrt man vom tiefsten Schlafpunkt zum ersten Mal zum REM-Schlaf.

In Chicago entdeckte man, unter Laborbedingungen, 1953 den REM-Schlaf und definierte ihn. Von Anfang an aber war die Vorstellung mit großen Fehlern behaftet. Doch hält sich die REM-These sehr lange, in den meisten Traumsachbüchern findet man sie auch heute noch, in den Allerweltsmedien sowieso. Hätte man Sigmund Freud etwas ernster genommen, hätte man in seinen Schriften finden können, dass das Unbewusste ständig tätig ist, alle möglichen Erlebnisse assoziiert, verknüpft und daraus (Traum-)Bilder schafft. Der Geist schläft nie, das Unbewusste ist nie untätig, ähnlich wie das Herz dauernd weiterarbeitet. In dem Schlaflabor, in dem man REM entdeckte, hat man die Erinnerungsfähigkeit an Träume mit der faktischen Existenz von Träumen verwechselt.

Weckte man die Versuchspersonen in den REM-Schlaf-Phasen, konnten sie sich eher an Träume erinnern. Weckte man sie in den Tiefschlafphasen, war das nicht oder seltener möglich. Daraus hat man den fatalen Schluss gezogen, man träume nur in den REM-Phasen. Erst um 2000 ist dieser Irrtum auch in der Schulwissenschaft korrigiert worden (unter anderem durch Detlef B. Linke, Professor für Klinische Neurophysiologie, Universität Bonn). Mittlerweile weiß man also: Man träumt immer. Wenn man wach ist, überlagert das Bewusstsein alles, jedoch auch dann ist das Unbewusste, das Träume produziert, weiterhin verknüpfend, bildgestaltend, lernend, lehrend und speichernd tätig.

Wir halten fest: Die Erinnerungsfähigkeit ist nicht dieselbe während der ganzen Nacht oder für die ganze Nacht, sie schwankt. In der Regel ist sie morgens größer und auch bei gravierenden Themen im Traum oder bei besonders starken Gefühlen wie Ängsten. Es spricht einiges dafür, dass die Themen der Träume in den REM-Phasen und in den Non-REM-Phasen sich etwas unterscheiden. Die Wissenschaft geht heute davon aus, dass die Qualität, nicht die Aktivität der Träume sich dort unterscheidet. REM-Phasen bevorzugen klassische Verarbeitungsträume wie die persönlichen Probleme vom Tag, hier hat auch meist die Trauer ihren Platz. In den Tiefschlafphasen träumt die Seele abstraktere, spirituellere Inhalte; da geht es manchmal um den großen Lebenssinn oder um religiöse Erfahrungen.

Methodenvielfalt – Subjektstufige und objektstufige Traumdeutung

Ein Traum wird *subjektstufig* interpretiert, wenn der Deuter alle Inhalte, Einzelheiten des Traums auf den Träumer selbst und nicht auf andere Personen oder Objekte bezieht. Es wird dabei angenommen, im ganzen Traum bilden sich nur innerpsychische Vorgänge ab, alle Traumelemente sind oder seien Teile des träumenden Subjekts. Dann wäre ein Traum so produziert und so zu deuten: »Du begegnest immer dir selbst.« Im Sanskrit heißt das: »tat twam asi« = das alles bist du. In der Praxis der Trauminterpretation ist dann die Entäußerung des unbewussten Inhalts per Traum in fremde Symbole und andere Personen »zurückzunehmen«. Das bedeutet, dass zum Beispiel der Vater im Traum nicht der reale Vater in der objektiven Welt ist, sondern die eigene, innere väterlich-männliche Seite, eine Vater-affine Seite im Träumer, oder dass die Ratte im Traum kein fremder Feind ist, kein Tier da draußen in der Welt, sondern die eigene rättische Charakterseite, welche natürlich fürs Bewusstsein gern geleugnet, verdrängt, abgespalten wird. Der Schaffner, der den Träumenden am Bahnhof aufhält, ist, subjektstufig gedeutet, der innere Widerstand gegen das Reisen, eine unbekannte Wesensseite im träumenden Subjekt, kein äußerer Gegner. Und diese Anschauung und Interpretationsweise betrifft alle Traumelemente – diese sind lediglich als Bausteine der Selbsterkenntnis zu nutzen.

Psychotherapeutisch hat diese Methode den Vorteil, dass man angeleitet wird oder gezwungen ist, unbekannte eigene seelische Inhalte anzusehen und anzunehmen. So können abgespaltene Teilpersönlichkeiten re-integriert werden. Ehrlichkeit, Wahrhaftigkeit, Identität, Ganzheit entstehen. Viele Projektionen auf andere Menschen werden so sinnvoll zurückgenommen, es werden der eigene Schatten und auch Anima/Animus angenommen.

Die subjektstufige Traumdeutung lässt sich gut in Rollenspielen durchführen. Man versetzt sich dabei nacheinander in alle Traumelemente, in den Drachen, in die Wolke, in den Tisch, in das Schwein, in den Underdog, und beobachtet, was man beispielsweise als Schwein tut und wie man sich als Schwein fühlt. Das kann sehr nützlich für die Selbsterfahrung sein. Leider wird diese Methode auch übertrieben angewandt. Sie wird gern einseitig oder ausschließlich bevorzugt von Traumdeutern, die unfähig sind, die wahren faktischen Quellen für die Entstehung eines Traums in der Außenwelt oder in der Vorgeschichte aufzufinden. Objektive Trauminformationen werden von manchen Menschen gern verdrängt (gerade unangenehme Information) oder sie werden einfach nicht verstanden (Intelligenz- und Einsichtsmangel); in solchen Situationen stürzen sich Personen zu ausschließlich auf die subjektstufige Methode.

Das Gegenteil zu dieser Methode ist die *objektstufige* Traumdeutung. Hier werden die Traumelemente zuerst einmal als tatsächliche Abbildungen von »Objekten« in der Außenwelt angesehen. Diese Objekte können sich im Personenumfeld des Träumers finden, in seiner Frühgeschichte, seiner Zukunft, im großen kollektiven Unbewussten der Sippschaftsgeschichte, in Beruf, Familie, Partnerschaft oder auch in geistigen Welten, also überall. Bei der Traumdeutung sollte man optional mit dieser Methode starten und danach die subjektstufige Methode zur Anwendung bringen. Objektstufig ist ein Schwein im Traum a) ein echtes Schwein (Tier) oder b) ein Kollege oder Besucher mit Schweinscharakter (dann ein Symbol, aber ein objektiv zutreffendes), also ein anderes Wesen, nicht der Träumer, also nicht indirekt der möglicherweise schweinische Träumer selbst.

Meist ist es nicht zu umgehen, sondern es bietet sich an, einen Traum sowohl objektstufig als auch subjektstufig zu deuten. Und es hilft oft, mehr Sinn im Traum zu finden. Solange eine einzige alleingültige Traumdeutungsmethode und -theorie in der Wissenschaft nicht gefunden und definiert werden kann, muss man mehrere Deutungsschulen anwenden, und zwar um der wissenschaftlichen Redlichkeit willen wie um der eigenen Wahrhaftigkeit willen. Einfache Charaktere bevorzugen leider eine einfache, absolut gesetzte Vorgehensweise. Methodenvielfalt ist jedoch ein

Muss in der Traumdeutung. Insofern besteht also die dringende Empfehlung, wenigstens diese zwei Methoden, die objektstufige und die subjektstufige, anzuwenden.

Die beiden Methoden scheinen ein Gegensatz zu sein, nämlich der zwischen Innenwelt und Außenwelt, zwischen objektiver Beobachtung und subjektivem Gefühl. Nicht selten und gerade bei tieferer Betrachtung fällt dieser Gegensatz jedoch zusammen: Alles, was sich außen um uns herum ereignet, findet zugleich auch innen in uns statt. Gerade was unbewusst ist, beobachtete C. G. Jung, ereignet sich gern als (scheinbarer) Zufall von außen. In mystischer Weise können die äußeren biografischen Ereignisse der inneren, geheimen Seelenlandschaft entsprechen. Diesen Zusammenhang, diese Deckungsgleichheit von Außen und Innen kann man nach C. G. Jung als *Synchronizität* bezeichnen, als Schicksal oder Karma, als Auftrag (Indianer) oder Lehre, als magisches Weltbild (wie im Analogiedenken in der ägyptischen Tabula Smaragdina, in welcher der Gott Hermes Trismegistos den Einklang von Oben und Unten, von Geist und Materie, von Außen und Innen beschreibt), gegebenenfalls als Einweihung – oder aber auch als blinden Zufall. Man kann die Ähnlichkeit und Entsprechung der Ergebnisse von subjektstufiger und von objektstufiger Traumdeutung erkennen, verstehen, würdigen oder aber bestreiten – je nach Weltanschauung.

Insgesamt hat es sich für die Traumdeutung als praktikabel und lehrreich, als effektiv und fruchtbar erwiesen, sowohl objektstufig als auch subjektstufig an Trauminhalte heranzugehen. Die subjektstufige Methode erschließt sich dem Laien nicht von selbst. Beispielsweise bei einem Unwetter im Traum denkt man zuerst und spontan an ein Klimaereignis draußen in der Umgebung (an ein Objekt also), erst im zweiten Schritt hält man es für möglich, dass das Unwetter subjektstufig und symbolisch Zorneswellen im Träumer meinen könnte. Die beiden Ansätze können widersprüchlich erscheinen, können sich aber auch entsprechen oder in ihrem Fazit zusammenfallen. Auf jeden Fall sind sie je eine Korrekturchance für eine erste, vielleicht zu einseitige Deutung.

Annäherung ans Symbol – Den Freud'schen oder den Jung'schen Weg wählen?

An folgendem Traumauszug als Beispiel wollen wir illustrieren, wie sich die Freud'sche und die Jung'sche Methode, ein Traumsymbol zu entschlüsseln, unterscheiden:

»Mein Chef hatte einen Autounfall. Auf einer Bahre wurde er zu mir nach Hause gebracht. Bei mir sah es wie im Büro aus. Es war aber trotzdem meine Wohnung. Der Chef war nicht tot. Ich sollte ihn operieren. Ich war sofort damit einverstanden [...] Ich schnitt dem Chef mit einem großen Messer etwas ab. Danach war er wieder in Ordnung. Er konnte aber nicht richtig gehen. Vielleicht hatte ich ihm ein Bein abgeschnitten. Er mußte sich schonen. Meine Kolleginnen sagten, ich müßte nun den Chef vertreten. Wir hatten eine große Feier. Ich tanzte mit jeder Kollegin und war der Chef« (Pössiger, 1981, S. 70 f.).

Wir beginnen mit Sigmund Freud und lassen den Träumer Einfälle zu seinem Traum beibringen. Möglichst entspannt, in freier, ungestörter Spontaneität soll der Träumer Assoziationen erzählen, die ihm zum Traum, zu den einzelnen Traummotiven einfallen. Das sind Anmutungen, Erinnerungen, Gefühlsbesetzungen, die eine Assoziationskette ergeben. Auf diese Weise erfährt der Traumdeuter einiges über generelle sowie aktuelle unbewusste Inhalte des Träumers, aber auch Einzelheiten aus der Biografie des Klienten. Der Traumdeuter unterstützt die Zuordnung der Einfälle zu den Traummotiven, fragt auch zu Ereignissen nach und strukturiert das Ganze. In diesem Fall, wie wir bei Pössiger lesen können, ergibt die »Vorgeschichte des Träumenden, dass ihm tatsächlich sein Chef im Wege ist« (1981, S. 71).

Typisch für viele Träume ist die Mischung von Beruf und Privatleben. Theoretisch wird das getrennt, aber das ist in der Realität Fiktion. Sachlich, objektiv geht es eben auch im Beruflichen nicht zu, sondern gern in Beziehungsspielen – oder »wie in der

Steinzeit«. Der Chef, so erzählt der Träumer, hindert ihn am Aufstieg. Dieser Chef ist im Übrigen auch ein Frauenheld am Arbeitsplatz. Der Träumer konkurriert im praktischen Leben mit seinem Chef sowohl beruflich als auch bezüglich Frauen. Aus den Erzählungen kann der Traumdeuter erkennen: In diesem Traum geht es durch und durch um Rivalität, um ein Nebenbuhlerproblem. Also wird dem Chef im Traum eine Behinderung zugefügt, die ihn einschränkt, aber nicht umbringt. Der Träumer muss »den Chef vertreten«, nach der Vorgeschichte, und zwar hauptsächlich nach dieser berichteten, weiß man nun: Der Träumer löst den Chef als Vorgesetzten und als Frauenliebling ab. Und Tanz und Feier drücken das Ziel des Traums aus: Freude und Lust werden über die Zurückdrängung des Chefs gelebt.

Darin, dass es wieder einmal ein *Wunschtraum* ist, sähe sich der Freud'sche Traumdeuter bestätigt. Der Traum wäre eine klassische Wunscherfüllung zu einem ödipalen Konkurrenzproblem oder -thema. Wir sehen, die Vorgeschichte – das sind die Assoziationen und Informationen, die der Klient zusätzlich zu seinem Originaltraum beibringt – löst das Geheimnis des Traums auf, macht aus der *latenten*, verborgenen Traumgeschichte den *manifesten*, offenbaren Trauminhalt.

Den anderen Weg, den Traum ohne Vorgeschichte und Einfälle zu deuten, geht C. G. Jung (nicht ausschließlich – hier aber pointiert). Er übersetzt die Symbole aus sich heraus, versteht die Archetypen aus ihrer eigenen vorgegebenen Stringenz heraus. Die Traumbilder haben eine Bedeutung a priori, und zwar eine allgemeingültige. Alle Produktionen und Produzenten des Unbewussten benutzen die archetypische Bildersprache intuitiv und zwangsläufig. Wie bei einer Literaturinterpretation in einer Seminararbeit eines Germanistikstudenten wird das Kunstwerk »werkimmanent« übersetzt, nicht biografisch und nicht gesellschaftlich und nicht historisch. Tatsächlich spricht ein Traumkunstwerk aus sich selbst heraus – wie ein Gedicht von Goethe oder Rilke. Das eröffnet sich aber nur dem erfahrenen Symbolkundler, also einem Traum- und Archetypenspezialisten. Dieser Symbolfachmann sieht auf den ersten, sinnfälligen Blick, dass die geträumte Operation des Chefs eine Einschränkung des Anführers und Nebenbuhlers sein soll, dass im Kern der Träumer eine Kastration vornahm (die beste Methode, um einen Rivalen am Sex zu hindern): »Ich schnitt dem Chef mit einem großen Messer etwas ab.« Die Bein-Erotik-Archetypik unterstreicht die Kastration noch einmal. Den Chef zu vertreten ist dessen subtile, aber eindeutige Absetzung. Und der Jungianer weiß sofort, dass der Archetyp *Tanzen* Sex meint. Auch weiß der Jungianer, dass ein *Unfall* (Autounfall) im Traum nicht zufällig geschieht.

Man sieht also, beide Methoden kommen in etwa zu demselben Ergebnis. Das muss nicht immer so deckungsgleich sein, aber es kommt oft vor. Beide Methoden haben ihren Wert. Assoziative, unbewusste Inhalte und biografische Details zu kennen kann für eine Traumdeutung förderlich sein. Den archetypischen Ausdruck des Unbewussten direkt, authentisch, ohne Zutat zu übersetzen, dadurch konsequent beim Thema zu bleiben, und zwar bei dem einzigen Thema dieses einzigen Traums, also ein großes Bemühen um Unverfälschtheit, ist für eine Traumdeutung oder Therapie ebenfalls nützlich. Beide Vorgehensweisen und Methoden sollten sich ergänzen – ob sie nun deckungsgleich im Ergebnis sind oder je zusätzliche Erkenntnisse beibringen und sich fruchtbar korrigieren. Dies also als Rat für den Trauerbegleiter, der sich mit Träumen beschäftigt.

Ein anderes Beispiel: Eine Frau träumt, dass eine Stufe, eine Kante, einen Reiter aus Blech trägt und dahinter die gähnende Tiefe ist. Der Archetyp *Stufe* meint eine Lebensetappe. Möglicher *Sprung in die Tiefe* steht als Archetyp für Trennung, Neues, Unbekanntes, schließt sogar Geburts- und Todesthemen mit ein. Das *Eisen* gehört zum Marsprinzip, hat einen männlichen Charakter, ist meist etwas Schwieriges oder Aggressives. Jungianisch übersetzt befindet sich die Frau im Traum also in der Nähe einer großen, vielleicht schmerzlichen Gefahr, die eventuell mit einem Mann zu tun hat und jedenfalls einen gravierenden, wohl angstbesetzten Entwicklungsschritt darstellt. Ob das nun aktuell ist oder eine verdrängte uralte Angst ist – das Thema selbst ist im Traum unübersehbar; der Zeitfaktor noch offen. Im Nachfragen und per Assoziationskette, also auf die Freud'sche Weise, teilt die Träumerin mit: »Ich habe jemanden kennengelernt.« Ich frage: »Und du hast Angst, wenn du dich auf den Mann einlässt, dass du den Boden unter den Füßen verlierst beziehungsweise dass es schiefgeht, dass du dich aufgibst?« Ein langgezogenes »Ja« ist die Antwort. Man sieht, beide Deutungsergebnisse, nämlich die Angst vor der Tiefe, vor dem großen Schritt, vor der neuen Entwicklung und vor dem Versagen, liegen nicht weit auseinander …

Ein drittes Beispiel ist aus den traumähnlichen Märchen genommen. In einem Märchen heißt es: Ein Frosch sprang der Königin in die Wanne. Und dann bekam sie ein Kind. In einem anderen Märchen wirft eine Königstochter einen Frosch aggressiv an die Wand. Nun fragen wir die Akteurinnen nach Freud'scher Art nach ihren Assoziationen: »Was fällt Ihnen ein, wenn Sie an ›Frosch‹ denken?« Antwort der Königin: »Was mir spontan einfällt zu diesem Frosch ist meine Schwangerschaft. Ich weiß auch nicht, warum.« Antwort der Königstochter: »Sex fällt mir spontan ein. Mich ekelt es vor diesem Frosch-Mann-Typus.« Hätten wir nun, ohne die Frauen zu befragen, sofort in Archetypenlexika nachgeschaut (zum Beispiel Cooper, 2004, oder Müller, 2012), dann hätten wir unter dem Stichwort *Frosch* Fruchtbarkeit/Schwangerschaft/Sex als Bedeutung gefunden. *Frosch* hat als Vorstufe »fro-askr«. In der germanischen Mythologie sind Askr/Esche/Mann und Embla/Ulme/Frau das erste Menschenpaar. Der Frosch ist antik ein bevorzugtes Attribut zu Venus/Aphrodite, als Kröte ist er ein Glücksbringer im Aberglauben. Mit anderen Worten, *Frosch* spricht für sich selbst. Wir sehen: Ob der Trauerbegleiter den Träumenden nach näheren Umständen, Informationen ausfragt oder ob er archetypenkundig ist und danach vorgeht – beide Wege können zum gleichen Ergebnis führen.

Die Methode der Stellvertretung

Das Unbewusste assoziiert Ähnliches mit Ähnlichem, es setzt gern gleich. Aristoteles: »Der geschickteste Beurteiler von Träumen ist der, der Ähnlichkeiten zu beobachten versteht« (Aristoteles, 1997, S. 136). Außerdem sind manche Inhalte und Personen direkt oder exakt im Traum nicht darstellbar, weil sie mit Nichtwissen und Verdrängung besetzt sind. Daher kommt es, dass man zur Darstellung eines Trauminhalts gern *stellvertretende* Personen oder Szenen oder Gegenstände wählt. Diese Figuren sagen aus: »Es ist wie ...«, das heißt wie mit dem gewählten Traumbild. Dies hat auch mit den Gesetzen der Erinnerung zu tun, mit der Art, wie das Gehirn Erlebnisse speichert.

Alle Erlebnisse mit *Fisch* oder mit *Leiter* oder mit *Liebesentzug* sind in der entsprechenden, gleichnamigen Datei zusammen abgespeichert. In unserem Gedächtnis herrscht Ordnung wie in den PC-Ordnern und -Dateien, es herrscht Zuordnung von Gleichem zu Gleichem, von Ähnlichem zu Ähnlichem, kein Chaos. Alles, was das Unbewusste, auch später im Leben, für mutterähnlich hält, speichert es in dem Ordner *Mutter*. Zur Darstellung eines Mutter-Feelings kann es sich wahlweise ein assoziativ passendes Symbol aus diesem Ordner herausholen – und einen Traum produzieren.

Besonders zahlreich und variabel sind die Stellvertreter für die Mutter- und die Vatererfahrung. Die ältere Schwester steht zum Beispiel oft für die Mutter, auch eine Freundin kann dafür stehen; ähnlich die *Oma*, die *Tante*, eine *Chefin*, eine *Ministerpräsidentin*, sehr gern die *Lehrerin*. Auch Tiere sind Stellvertreter. Zum Muttergefühl gehören die Archetypen *Kuh, Pferd, Höhle, Bärin, schützender Baum*, auch, schon leicht negativ, *Spinne* und *Schlange*. Zum Vatergefühl gehören als Stellvertreter der *große Bruder,* der *Onkel* oder *Großvater,* der *Vorgesetzte,* der *Handwerker,* der *Regierungschef.*

Irgendeine scheinbar längst vergessene *Mitschülerin* aus der ersten Klasse meint als Stellvertretung/Spiegel ein eigenes Erlebnis der Träumerin mit sieben Jahren. Eine Fremde ist dann Stellvertreterin, doch weiß das Unbewusste genial und geheim von der Ähnlichkeit der Stellvertreterin zur Träumerin, das heißt natürlich nur zu einem ganz speziellen seelischen oder biografischen Aspekt der Träumerin. Oder man sieht im Traum, dass der Stiefvater eines Nachbarn letztlich doch nicht so vertrauenswürdig war, wie es schien; das ist dann vermutlich eine Aussage über Verdrängtes, das man mit dem eigenen Stiefvater erlebt hat. Der benachbarte, andere Stiefvater ist nur Stellvertreter, das heißt Gleichnis.

Die Stellvertretungen, das sind Analogien, sind zahllos und fast immer im Spiel! Daran muss der Traumdeuter, Trauerbegleiter denken. Auch für Trauer und Wut gibt es Ersatzanalogien. Grundsätzlich und immer schon sind Analogien im Unbewussten zusammen abgespeichert worden, das geschieht nicht erst im Traum. Man denke besonders an die vielen Tiere, die Seelenteile und die Ich-Varianten darstellen können. Sie haben Ähnlichkeiten mit menschlichen Charakterseiten. Deshalb sagt man im Volksmund: »Du dumme Kuh«, »Du blödes Huhn«, »Du schlauer Fuchs« und vieles andere mehr. Ständig »denkt« das Unbewusste in Vergleichen.

Ein anderes Beispiel: Man sieht oder glaubt zu sehen im Traum, dass die Ehefrau einen betrügt – es kann jedoch sein, dass man nur sehr verspätet und sehr verschoben träumt und erkennt, dass man von der Mutter früher belogen und betrogen worden ist, was aber nie angesprochen, bewusstgemacht, erledigt worden ist. Und daher ist eine Energiebesetzung des Themas, als eine traumproduzierende Kraft, übrig geblieben, es ist eine Übertragung auf die aktuelle Ehefrau vorgenommen worden. Die Ähnlichkeit hat eine Stellvertretung geschaffen.

Aus der klassischen Psychologie kennen wir die Ausagierung eines unbewussten Inhalts per analoger, stellvertretender Person als *Projektion*. Beliebt ist dieses Verfahren in der Gesellschaft und Politik (leider). Dem Gegenüber werden gern der eigene, abgespaltene, geleugnete Egoismus oder die eigene verdrängte Aggression aufgedrückt, unterstellt. Das Machtstreben »sieht« man nur beim anderen, bei sich selbst nie. Jeder Mensch ist eine Projektionsfläche und kann Stellvertreter sein, ohne dass er es will. Der Vorgang ist also alltäglich und nicht nur in Träumen zu finden. Eine solche Art von Verschiebung erfolgt bevorzugt bei unangenehmen oder tabuisierten Gefühlen – also auch bei dem Gefühlsspektrum, was zur Trauerarbeit, was zu den Traueraufgaben gehört. Zusammengefasst: Der Traum liebt Gleichnisse, Stellvertretungen – das gilt es immer zu beachten.

Traumquellen – Fakten, Symbole, Komplexe

Die Ereignisse des Tages lösen einen Traum aus. Das kann ein Erlebnis oder Gefühl aus Millionen von Tageserlebnissen, bewusster und unbewusster Art, sein. Sigmund Freud spricht vom »rezenten Material«, auf dem ein Traumgedanke fußt. Man kann den Beginn eines Traums am besten so verstehen, indem man als Deuter die Verknüpfung sucht mit einer Erfahrung des vorangegangenen Tages, die auch Gefühlen von ganzen Wochen zuvor entsprechen kann. Neutral sprechen wir von irgendeinem aktuellen Eindruck – dahinter verbergen sich Erlebnisse körperlicher und psychischer Art, Gefühle, Ängste, Wünsche und so weiter. Ein Ereignis, zum Beispiel ein Trauerfall, hat einen Eindruck hinterlassen, eine Spur in der Psyche.

Und was geschieht nachts? Das Unbewusste nimmt den Faden auf und spielt und denkt und agiert weiter. Es möchte das Thema darstellen und begreifen und lösen. Dabei geht es um ein Ereignis, das wichtig ist (1), das also tief berührt, das oft wesentliche Vorstufen in der Vergangenheit (2) hat, womit ein unerledigter Inhalt (3) verbunden ist, das beschäftigt, weil man es nicht versteht (4), oder das stark mit Hoffnungen und Ängsten (5) behaftet ist – da gibt es viele Möglichkeiten. Es kann auch nur eine intellektuelle Idee (6), ein kurzes Gedankenelement sein, zum Beispiel eine schlagende Erkenntnis am Tag. Das betreffende Tagesereignis wird vom Bewusstsein oft ignoriert. Aber das Unbewusste bleibt dezidiert und betont, also nicht ohne Grund, speziell an diesem einen, vielleicht übersehenen Thema »hängen«. Und die Gedanken und

Gefühle, die schon tagsüber im Unbewussten bei diesem speziellen Thema sich einstellten, hochkamen und energiebesetzt waren – die erzeugen nun den Traum. Der Inhalt wird dargestellt an und in Aktionen, Personen, Szenen. Mit diesem Werkzeug beginnt der Traum. Er agiert in Form eines Gleichnisses, einer Spielszene, in Form einer Parabel oder Fabel oder Analogie. Eigentlich wird der Taggedanke nur »weitergedacht«, aber jetzt in Rollenspielen beziehungsweise in der für das Unbewusste typischen Bildersprache. So begegnet man also *sich* im Traum, seinen eigenen Gedanken oder den eigenen Gefühlsfortsetzungen. Insbesondere das, was am Tag beiseite geschoben wurde, schießt sofort in einen Traumbeginn.

Die Einleitung des Traums ist als Exposee zu verstehen und dieser Anfang beantwortet die Frage: Worum geht es diesmal? Es folgt, wie C. G. Jung sagt, ein Aufbau in wenigstens drei, oft aber in fünf Akten, mit einem retardierenden Moment, mit Hauptteil, mit Lücken, manchmal auch mit Phobos (Schrecken), Umschlag und Katharsis (mit reinigendem Gefühl), wie in der klassischen Dramentheorie etwa bei Aristoteles und Lessing. Die Personen, die man am Tag neu kennen gelernt hat, erscheinen nun wahrer, nicht selten in der Gestalt von Tieren oder sonstigen Stellvertretern. All das Frische, Neue, Aktuelle wird genial und vielseitig verknüpft mit früheren Ereignissen, Gefühlen, Äußerlichkeiten, die dem Unbewussten ähnlich erscheinen. Immer erkennt das Gehirn (nur) so, indem es neue Erfahrungen mit der »Kartei« der vergleichbaren stattgefundenen Erfahrungen verknüpft. Das gilt besonders für die Traumproduktion. Frische Trauer verbindet sich mit alter Trauer, und zwar automatisch. Das selbständige Unbewusste arbeitet wie ein Autopilot: automatisch, selbstgesteuert. Die moderne Hirnforschung sagt: Das bewusste Ich ist die letzte Instanz, die die Ergebnisse dieses Autopiloten mitgeteilt bekommt. (Liegt keinerlei Vor-Muster vor, denkt und handelt man dagegen oft wie verwirrt, chaotisch, blindlings.) Und so spinnt der Traum seine Geschichte, als Gleichnis, vom Tageseindruck ausgehend bis zum Ende des Traums, das die wahre Erklärung der ganzen Geschichte enthält. Was die Trauer angeht, so bringt die Traumarbeit viele ähnliche (und frühere) Traurigkeiten auf einen Hauptnenner; das Traumergebnis ist dann die berühmte »Traumkomprimierung« (S. Freud). Verschiedene momentane äußerliche Erlebnisse und Gefühle werden mit Leichtigkeit ins Traumgeschehen integriert, das heißt nicht nur der Fernsehfilm von gestern Abend, sondern auch das zeitgleiche Autogeräusch auf der Straße oder das Anspringen des Kühlschranks oder das Klingeln des Telefons oder auch ein Erdbeben in der Nacht. Der entsprechende Eindruck wird passend in den Traum eingebaut. Insgesamt holt das rezente Material (das Tagesgeschehen) einen Pool von vergleichbaren Assoziationen hoch. Besonders der Traumauslöser wird mit der vorhandenen eigenen Ähnlichkeitskartei verknüpft. Das schließt auch Fehlschlüsse ein. Der Trauerbegleiter tut also gut daran, das Grundsätzliche (Allgemeine, Gesammelte) einer Traumbotschaft und nicht nur die Tagesereignisse zu berücksichtigen.

Das führt über zu einem weiteren wichtigen Punkt: Stellen Träume Fakten dar oder sind sie rein symbolisch zu lesen? Träume sind keine Halluzinationen, auch keine Schäume. Das Unbewusste bildet sich nichts ein, es enthält im Gegenteil Wahrheiten beziehungsweise die verbliebenen Eindrücke von echten Erlebnissen, und zwar aus der ganzen Biografie, mögen diese auch verdrängt oder nur in Gleichnissen auszudrücken sein. Im Grunde ist immer irgendein Konkretum Auslöser und Quelle des Traums, die Sprache des Unbewussten ist aber die Bildersprache, so dass die symbolische Darstellung des Konkretums naheliegt. Träume beruhen auf Fakten, das Ausdrucksmittel ist aber in der Regel das Symbol. Das Gleichnis enthält den Kern einer historischen Wahrheit. Der Traum ist wie ein Parabelfilm über eine Szene, über einen Vorfall aus dem echten Leben. Reine Fantasy findet im Traum nicht statt. Im Gegenteil, wenn man es wie in den alten indischen Veden ausdrückt, sind wir in Traum und Schlaf der Wahrheit (Realität) näher als im Wachzustand. Wie eine Sage einen historischen Kern hat, so auch jeder Traum.

Die Zuordnung eines Traums zu einem Ereignis aus der Realität ist nicht einfach. Findet man den realen Fakt, erhellt sich die Deutung des Traums schlagartig. Hier gilt es etwas zu beachten, was C. G. Jung bereits erkannte und was in der modernen Systemischen Psychologie oder Systemischen Familientherapie vielfach beobachtet wird und dort selbstverständlich ist: Komplexe können wandern. Das bedeutet, kurz gesagt, dass ein Trauminhalt ausnahmsweise auch von einem anderen Mitglied des Clans, der Sippschaft, der Familie stammen kann. Da geht es oft um ein dramatisches, verdrängtes, tabuisiertes Geschehen, etwa um ein Familiengeheimnis, das in mehreren Generationen geträumt wird. Es kommt nicht selten vor, dass eine Mutter einen Traum ihrer zwölfjährigen Tochter erzählt und dabei erstaunt sagt: Diesen Traum hatte ich mit zwölf Jahren auch. (Die Großmutter hatte den Traum vermutlich auch schon.) Träume beruhen auf Fakten, aber wo dieser Fakt liegt, wo er zu suchen ist, das ist ein weites Feld. Grundsätzlich muss man dabei Phänomene wie Übertragung, Projektion, Komplexwanderung einbeziehen. Gerade Kinder können tabuisierte Geheimnisse anderer anziehen. Man träumt also nicht immer nur von sich selbst (wenn auch meist).

Im Traum ist alles möglich. Gegen Träume kann man sich nicht wehren, sagte man in der Antike. Oder auch die Redewendung: »Es träumte mir« statt: »Ich träumte«. Unbestritten gibt es auch Kollektivträume, welche Inhalte nicht vom Träumer, sondern von einer – nämlich seiner – sozialen Gruppe handeln. Unter der Berücksichtigung, dass Mutter und Fötus eine Symbiose darstellen, körperlich, hormonell und emotional, verwundert auch dies nicht: Es kann sich eine unbewusste Erinnerung aus der Schwangerschaftszeit und Babyzeit im Traum so darstellen, dass sie in der Ich-Form der Träumerin (des Träumers) ausagiert wird, aber eigentlich zum Erlebnis der Mutter damals gehört. Beispielsweise die Ängste der Mutter vor der Geburt drückt die Träumerin als eigene Ängste aus – tatsächlich waren damals die Psyche von Mutter und Kind wie eine einzige. Im Unbewussten eines Menschen, aus dem die Träume stammen, liegt alles; das Unbewusste ist offen, nicht abgeschlossen, dort gibt es auch pränatale Erfahrungen und postmortale Bereiche sowie die Gefühle unserer Angehörigen …

Die Frage »Fakten oder Symbolik?« stellt ein ähnliches Problem dar wie die Frage der Subjektstufigkeit oder der Objektstufigkeit. Beide Ansätze haben einiges für sich und sind letztlich keine Gegensätze. Bleiben wir aber zuerst einmal im antithetischen Denken, dann muss primär gesagt werden: Träume beruhen auf Fakten. Sie sind keine Einbildungen des Unbewussten. Das ist nicht seine Art, sondern es enthält im Gegenteil Wahrheit, mag diese auch verdrängt oder in Symbolform nicht verständlich sein. Es sind konkrete Anlässe aus dem Leben, aus der Geschichte – diese erzeugen Träume.

Diese Anlässe fußen fast immer auf echten Erlebnissen und spinnen sie fort, malen sie aus. Nur der bestreitet diese Fakten, der unfähig ist, sie als Grundlage zu finden. Das Konkretum als Auslöser und Quelle des Traums muss nicht nur in der Biografie des Träumers liegen, auch nicht nur in der materiellen Welt. Sondern die einem Traum zugrunde liegenden Fakten, historischen Ereignisse können im Unbewussten eines anderen Menschen liegen, in der Sippschafts- und Vorfahrengeschichte (nicht einmal selten), in den eigenen Anfängen vor Einsetzen der Erinnerungsfähigkeit, also vor dem dritten Lebensjahr; sehr oft auch können sie perinatal und pränatal geschehen sein, und manchmal auch in der geistigen Welt, im postmortalen Bereich liegen. Es gibt fast immer die Causae und Vorstufen in der Realität, so auch im Pavor-Nocturnus-Traum eines zwei- oder dreijährigen Kindes, welcher als nächtlicher panischer Schrecken nur scheinbar unerklärlich ist. Dass die Causae aber durch Stellvertreter, durch »andere« ähnliche Ereignisse dargestellt werden, ist nicht selten, was die Auffindung der auslösenden historischen Realität erschwert. Fazit: Träume sind im Prinzip wörtlich zu nehmen und sie beruhen auf Fakten – dargestellt aber im Gleichnis.

Zugleich entspricht jede Außenwelt einer Innenwelt, und diese spricht in Bildern. Wie für das Innere werden auch zur Darstellung des Konkreten/Außen gern Symbole verwendet, gerade wenn die Außenweltrealität durch das Medium Traum dargestellt wird, so als würde ein expressionistischer Künstler Hand anlegen. Daher muss man die Erzählung über Faktisches wie ein Bilderbuch lesen. Es geht um einen Film über einen historischen Vorfall, indem dieser in der eigenen künstlerischen Medialität und Sprache des Films, nicht in der historischen, dargestellt wird. Ein echtes geschichtliches Ereignis wird mit filmischen Mitteln nahegebracht. Und so muss man »Film« verstehen und »Geschichte« verstehen, wenn man am Ende informiert sein will. Genauso ist jeder Traum sowohl konkret zu lesen als auch symbolisch, ist ein Faktum und zugleich ein Bildkunstwerk. Ähnlich wie in einer Sage die Historie versteckt ist oder in einem Mythos ein psychologischer Fakt enthalten ist. Traumdeutung ist, den historischen Kern in jeder Legende zu finden.

Die Symbolik ist grundsätzlich deutbar und lässt erkennen, um welches Thema es sich handelt. Der Fakt ist gefunden – als erster Schritt. Der zweite Schritt der Traumdeutung ist dann: Wo, wann oder wie ist dieses Thema angesiedelt? Beim Träumer, bei einem anderen Menschen, in der Vorgeschichte, im Jenseits oder wo sonst? Das Finden des Themas ist das Erste, die Zuordnung des Themas das Zweite.

Die verschiedenen Traumsorten und Trauminhalte

Man unterscheidet mehrere Arten von Träumen. Das ist sinnvoll, doch manchmal auch willkürlich. Die Definitionen der Traumsorten stellen Arbeitshypothesen dar, das heißt, es sind Werkzeuge, mit denen man praktikabel vorgehen kann. Gleich zu Anfang ist nämlich zu sagen, dass Träume meist mehrdimensional sind. Wir müssen also die Einteilung in Traumsorten gegen Ende einer jeden Deutung relativieren, auch wenn man zu Beginn, um ins Verstehen eines Traums einzusteigen, von Unterschieden ausgehen kann. Ähnlich wie man einem Traum einen Titel geben kann, ohne aber eine solche Überschrift zu ernst zu nehmen.

Mochte man früher die Träume als göttliche Gedanken oder als Sprache der Liebe (Gotthilf Heinrich Schubert) verstehen, so sind heutzutage am bekanntesten die *Wunschträume*. Jedem Traum unterstellte Sigmund Freud, dass er eine Wunschanmeldung, mit Kompromissen, ausdrücke. Dazu ist zu sagen, dass eine große Zahl von Träumen tatsächlich energetisch Unerledigtes, im weitesten Sinne ungefähr einem unbewussten Wunsch entsprechend, hochspült oder aufzeigt, gegebenenfalls auch endlich zur Befriedigung führt beziehungsweise zur Ersatzbefriedigung. Die Energie, der Druck, welche den Traum produziert, kann man als »Wünschen« bezeichnen (die Motivation wünscht etwas). Die Darstellung selbst im Traum ist aber eher faktisch. Es ist nicht haltbar, dass alle Träume Wunschträume seien.

Im Gegensatz zu den unbewussten Wünschen stehen die sehr zahlreichen *Wahrheitsträume*. Träume zeigen sogar in erster Linie den Ist-Zustand. Sie sind eine Bestandsaufnahme, unabhängig davon, dass und ob sie wegen der Symbolsprache fremd, nicht verstehbar anmuten können. Träume beruhen, wie schon mehrfach betont, auf Fakten. Das Unbewusste ist »reine Natur« (C. G. Jung) und gerade nicht beeinflusst, manipuliert, unecht, bloß ersehnt. Ungeschminkt zeigt der Traum das Ist.

Wohl alle früheren Kulturen dieser Welt deuteten Träume als Prognostik, und so sprechen wir also von der Traumsorte der *Zukunftsträume*. Diese sind nicht häufig. Aber manch einer hat schon einen Krieg vorausgeträumt, diese Fälle sind belegt. Gerade die Träume von Kindern und Jugendlichen haben manchmal den prognostischen Entwurf des Lebens zum Inhalt. Man muss es selbst erlebt haben, um Zukunftsträume für möglich zu halten. Den Test kann jeder machen, indem er seine Träume aufschreibt und zum Beispiel nach zwanzig Jahren sich die alten Träume anschaut. Die Verwunderung über das, was eingetreten ist, ist sicher.

Zukunftsträume sind ein heikles Thema, auch wenn viele davon in der Geschichte überliefert sind. Der Traumdeuter oder Trauerbegleiter sollte hier extrem zurückhaltend sein. Naturwissenschaftlich kann man Zukunftsträume immerhin insofern für möglich halten, als wir nach Einstein wissen, dass die Zeit relativ ist beziehungsweise abhängig von Raum, Materie, Bewegung. Die Zeit kann also länger als gewohnt, verschwindend kurz – oder überhaupt nicht da sein, wenn nämlich keine Materie da ist oder die Materie sich verschieden schnell bewegt. Im Traum sind wir in einer geistigen Welt, dort kann man daher durch Mauern gehen und alle Zeitgesetze ignorieren. Zeit gibt es dort nur als totale Gleichzeitigkeit oder als keine. Mit anderen Worten: Zukunft (auch Vergangenheit) gibt es nur in der materiellen Schöpfung. Die Menschheit hat für die Zeitlosigkeit in der geistigen Welt den Begriff *Ewigkeit* geprägt. In der Ewigkeit gilt: Die Zukunft ist schon geschehen. Wenn wir im Traum die Materiewelt verlassen, sind Blicke in die sogenannte Zukunft nicht einmal überraschend. Allein schon wegen möglicher Fehlinterpretationen jedoch empfiehlt es sich, eventuelle Zukunftsträume eher nicht zu thematisieren.

Am häufigsten sind insgesamt die *Erinnerungsträume*. Meist enthalten Träume die (irdische) Vergangenheit. Fehlende Informationen, auch Verdrängtes an Gefühlen oder energetisch Unerledigtes kommen bei dieser Rückschau hinzu. Daher nennt man solche rückwärts gerichteten Träume auch gern »Verarbeitungsträume«. Dabei denkt man aber meist viel zu kurz an den vergangenen Tag, statt an die Anfänge der Biografie. Die Erstprägung, die früh in der Kindheit liegt, übertrifft an Effizienz und Traumwirkung alle anderen Prägungen. Die Traumsorten Erinnerungstraum und Wahrheitstraum fallen nicht selten zusammen.

Oft heißen *luzide Träume* »Klarträume«. Luzides Träumen ist eigentlich ein Kuriosum, ein Widerspruch, denn Licht (lateinisch *lux*) ist der Feind des Traums, es zerstört ihn sofort. Gemeint ist, mit Training, Suggestion oder Semibewusstsein in einen Traum einzugreifen, etwa wiederkehrende Albträume zu steuern – wenigstens, was das Finale angeht. Dies könne man trainieren. Nach dem angeblichen Vorbild des Senoi-Stammes in Hinterindien sollen schlimme Träume durch Eingreifen, mit Hilfe eines positiven Bildes oder Ergebnisses, das man sich vorgenommen hat, oder mit einem Helfer, zu einem guten Ende geführt werden. Auch solle man so Leistungssteigerungen, etwa beim Sport, erreichen, sie manipulieren können. Diese Autosuggestion ist jedoch eine Illusion. Selbst für den Fall, dass der Albtraum geschönt, verbessert, verändert wurde, was das Ziel des luziden Träumens ist, ist seine Grundlage nicht gelöscht. Es geht dann leider nur um eine Symptomverschiebung. Die verbleibende Quelle und Ursache des Albs wird ein anderes Ventil suchen und ein Ersatzsymptom erzeugen.

Viel entscheidender als luzide Technik ist Folgendes: Ein »Albtraum« ist zu Ende, wenn er verstanden wurde. Wenn man in einem Albtraum von einer Gefahr oder Person verfolgt wird, spricht man von *Verfolgungsträumen*. Wir können sie auch zusammenfassen mit den klassischen *Angstträumen*. Abgesehen davon, dass diese Träume eine Erinnerung an ein echte Gefahr sind, und zwar häufig an eine Gefahr im vorbewussten Zustand – das heißt von der Zeugung an bis um das dritte Lebensjahr, in dem erst die bewusste Erinnerung einsetzt –, können Angstträume auch in die Zukunft gerichtet sein. Sie können übertreiben, also vielleicht nur Befürchtungen sein, die so stark nicht oder die gar nicht eintreten. Träume extremisieren häufig. Mehrheitlich sind Angst- und Verfolgungsträume Erinnerungen, die auf Fakten beruhen, jedoch mit einem ganz unklaren, diffusen Verstehen. Das bedeutet: Als der Fakt (damals) entstand, verstand man nichts. Das Unbewusste verbindet eine neue Bedrohungssituation mit einer vergleichbaren alten Situation, manchmal fehlerhaft, manchmal richtig, und meldet also in seiner Logik: Vorsicht, Vorsicht, Angst!

Wie generell bei Angst, kann man auch bei Angstträumen nicht vorschnell sagen, ob sie berechtigt oder falsch sind – das weiß man erst hinterher. Oft erscheinen Angstträume als Verfolgungsträume: Man ist unterlegen, machtlos, flüchtend – was tatsächlich ein Grund für Angst ist. Verschiedentlich flüchtet man in der Verfolgung vor dem Ausbruch eigener, unbewusster Schattenseiten. Zu Angst ist zu sagen: In der Regel meldet das Unbewusste (die diffuse Erinnerung) die Angst und warnt heftig, und in der Regel verliert das Bewusste, das keine Angst annimmt, den Kampf gegen das Unbewusste im Menschen. Das Unbewusste niederdrücken zu wollen ist also nicht der richtige Weg in der Therapie der Angst.

Warnträume sind ebenfalls erst hinterher richtig zu verstehen. Sie können gegebenenfalls nur eine übertriebene Befürchtung sein.

Die Altvorderen sahen gern in Warnträumen göttliches Eingreifen. Das ist insofern nicht so abwegig, als das höhere Selbst oder das weise Unbewusste oder die Intuition, das ist der Schamane in jedem Individuum, durchaus mehr wissen können als das Ich-Bewusstsein. Überhaupt können bildlich gesprochen ein »Gott« oder ein »Engel« durch diverse Arten von Eingebungen, so auch durch einen Traum, etwas mitteilen. In früheren Zeiten, vor etwa 3000 Jahren, wenn man etwa Homer liest, erhielten die Menschen die wichtigsten Hinweise durch Götter im Traum. Nach Rudolf Steiner, dem Begründer der Anthroposophie (vgl. Baumann, 1986) hat jeder Mensch in der tiefsten Nacht »prophetische Träume«, die wir auch als kosmologische oder *religiöse Träume* bezeichnen können. Wer träumt, berührt auch die Ewigkeit, die Unsterblichkeit eines jeden Wesens. Aber hierüber sind die Meinungen geteilt.

Ein besonderes Phänomen stellen *Komplementärträume* dar. Sie beinhalten das Gegenteil der Realität. Jedoch immer nur das genau passende Gegenteil, was im Prinzip dazugehört wie ein Duale, wie Yin zu Yang. Man kann eine These auch durch eine genau zu ihr passende Antithese ausdrücken. Das hat mit den Gesetzen der Symbolik zu tun: Jedes Symbol ist ambivalent (!) und enthält sein Gegenteil in sich, wie im chinesischen Weisheitsbuch »I Ging«. Lachen im Traum kann Trauern/Tränen meinen. Ein Misserfolg, im Traum durchgespielt, wie abgetan, erledigt und gebannt oder als polare Möglichkeit abgehandelt, kann zu einem Erfolg in der Realität passen; Versagen in der Nacht passt dann zum Gelingen am Tag. Scherben bringen Glück (obwohl sie als Zerbrochenes das Gegenteil sind). Gegensätze gehören magisch zusammen. Der dümmste Sohn im Märchen ist der cleverste der Söhne. Auch in den Kot treten bringt Glück oder ein ansonsten abgewertetes Schwein bringt Erfolg. So kann der Tod auch Geburt, Erneuerung bedeuten. Versagen in einem Prüfungstraum schließt den Erfolg in der Prüfung am nächsten Tag nicht aus.

C. G. Jung hat sowohl in der Traumdeutung als auch in der Charakterlehre das kompensatorische Gegenteil, das notwendige Vorhandensein zweier gegensätzlicher Pole, oft gefunden und betont.

Zum Beispiel: Wer am meisten verspricht, hält am wenigsten; der Angeber hat das geringste Selbstwertgefühl; der Ängstlichste ist der Aggressivste. Der wissende Rabe als Gottesbote ist auch der Unglücksrabe. Die Eule bringt sowohl die Weisheit als auch den Tod.

Im Zusammenhang mit C. G. Jung soll noch der *Kollektivtraum* erwähnt werden. Wir könnten auch vom Häuptlingstraum oder Pharaotraum sprechen. Gemeint ist, dass manchmal die Träume des Hauptes einer Gruppe eine Bedeutung für das ganze Kollektiv haben. Das trifft potenziell für jeden Menschen zu, nicht nur für Anführer. Jedermann kann der Wissende, die Kassandra im Traum, für das Schicksal seiner Gruppe sein.

Zum Schluss müssen wir darauf hinweisen, dass die Traumsorten so sauber getrennt nie vorkommen. Es sind Ideal- und Mustertypen. Tatsächlich ist es so, dass ein und derselbe Traum eine Botschaft enthält sowohl über das innere Geistige des Träumers als auch über sein äußeres Leben, dass er eine Erinnerung enthält, aber ebenso auch einen Bezug zum Jetzt wie auch eine Perspektive für die Zukunft, dass der Traum eine banale Alltagsrealität enthält und zugleich eine hochspirituelle, philosophische Erkenntnis, dass er gleichzeitig über das Ich und über einige andere Personen spricht. Wie die Bereiche unseres Lebens, so sind auch die Traumsorten und Trauminformationen vernetzt und mehrdimensional (holografisch, kybernetisch). Für die praktische Arbeit kann man aber die Unterscheidung in Traumsorten aufrechterhalten. Und das Hauptaugenmerk sollte auf diesen Ansatz gerichtet sein: Der Traum ist Wahrheit, und die Wahrheit heilt. »Weisheit kommt zu uns in Träumen« – so sprachen die Indianer.

Für Hildegard von Bingen (1098–1179), die Prophetissima des Mittelalters, die ihre Erleuchtungsschübe, im Wachzustand, Visionen nannte, war der Traum ein Gleichnis, also eine Analogie für den himmlischen Zustand im Paradies. Dort konnte man mit den Engeln sprechen und war in der göttlichen Harmonie aufgehoben. Aus diesem Harmoniebereich, so erlebte sie es, komme des Menschen Seele: »Adam aber hatte den Gleichklang mit der Stimme der

Engel, den er im Paradies besaß, verloren, ist – wie einer, der beim Erwachen aus dem Schlafe von dem, was er im Traum geschaut, nichts oder nur Unsicheres weiß – dem Erkennen, mit dem er vor der Sünde begabt war, entschlafen.« Ent-schlafen hier in dem Sinne: Er ist heraus-geschlafen, er hat den Traum oder das Paradies verlassen, also die Harmonie und den Verkehr mit den Engeln. Träumen heißt also bei Hildegard von Bingen: mit dem Göttlichen, mit den göttlichen Boten oder mit der Ewigkeit in Kontakt sein ... (zitiert nach Kastinger-Riley, 1998, S. 88 u. 112). Hildegard betont also die religiösen Träume.

Wie im Leben kann Trauer auch im Traum mit einer Reihe von Themen verbunden sein. Die folgende Aufstellung gibt einen gewissen Anhaltspunkt, wonach man bei der Deutung eines Traums, als Einstieg, suchen könnte, sofern man keine andere thematische Spur hat. Die Aufstellung zeigt grob eine Wahrscheinlichkeit und Häufigkeit der bevorzugten Inhalte von Träumen. Die Reihenfolge ist nicht zufällig:
- Die Tod-oder-Lebens-Frage (zum Beispiel in Albträumen)
- Der Geburtsverlauf (bedeutendes Erstmuster für den Umgang mit der Welt)
- Schwangerschaftserfahrungen
- orale Phase, Babyzeit (oft mit kleinen, putzigen Tieren), Süchtigkeitsthemen
- Muttererfahrung allgemein
- Vater- und Geschwistererfahrungen
- Kindheit (mit Liebesthemen, Traumata und Entwicklungsthemen)
- Schule, Pubertät, allgemeine Reife, symbolische Prüfungen (»Schule« auch als frühe Kindheit)
- Selbstwertfragen, Scham, Schuldkomplexe (Nacktheitsträume sind Echtheitsträume, sexuelle Scham zeigt seelischen Minderwertigkeitskomplex)
- Mitmenschen, Alltagserlebnisse, Beruf
- Wünsche, Hoffnungen

- Zukunft, Kollektives
- Sex, Beziehungen
- Aggressionen (unter anderem als gefährliche Tiere), Wut, Ängste
- Körperthemen, Krankheiten
- Verlassenwerden, Einsamkeit, Sterben
- Schwächen (zum Beispiel symbolische Zahnverlustträume) sowie Potenzen
- Gott, Engel, die geistige Welt, die Ewigkeit, das Schweben/Fliegen
- Reinkarnationen und Sippschaftshistorie
- übergangene Wahrheiten, »Korrekturen des Bewusstseins«
- das Leben nach dem Tod

Der Albtraum und das Traumfinale

Das Traum-Ich sucht immer wieder belastende Inhalte zu erkennen, zu be- und verarbeiten. Nicht selten geht es um eine Toderinnerung, Todesangst oder eine todnahe Begebenheit; aber auch andere Traumata sind möglich. Dieses so ganz Schlimme ist un-erträglich, es kann nicht bis zu Ende angeschaut werden – wegen Nichtwissen, Verdrängung, zu großen Schmerzes.

Halluzinationen sind Albträume nicht. Irgendwo existiert ein reales Ereignis als Quelle. Dies kann unbewusst ganz früh, zum Beispiel bei der Geburt stattgefunden haben. Damals befürchtete die Seele, das Unbewusste etwas Ähnliches wie »ich muss nun sterben«. Es lohnt sich, das den Albtraum erzeugende auslösende, todnahe, Angst machende Urfaktum zu suchen und dabei in verschiedenen Richtungen zu vermuten.

Das träumende Ich möchte heilen, etwas erledigen, sich etwas bewusstmachen – aber es schafft es wieder nicht: Das ist dann der Albtraum. Logischerweise kehrt dieser wieder, weil sein Inhalt unerledigt ist. Man kann dem Albtraum also dankbar sein, denn er meldet, was unbedingt behandelt, bewältigt werden müsste, um ab dann innerlich freier leben zu können.

Was erkannt ist, kann man annehmen – und seinen Frieden damit schließen. Nichtbewusstes und Verdrängtes meldet sich immer wieder. Und es belastet. Dass gerade das Unbekannte Angst macht, betont Sigmund Freud. Ist der Albtraum aber verstanden, kann der Geist sich quasi zum Herrn über den Albtraum aufschwingen – und der Traum hat dann seine Macht verloren. Die Quelle, die eigentliche Causa des Albtraums, die meist am Ende fehlt, kann in verschiedenen Richtungen gesucht werden, in der Sippschaftsgeschichte (etwa in Kriegsereignissen), in den Eltern oder Verwandten, vorzugsweise jedoch in der eigenen, frühesten Kindheit, gar in der Schwangerschaftszeit (bedrohte Frucht). Man kann nicht gänzlich ausschließen, dass die Urcausa auch in früheren Inkarnationen liegen mag. Was Trauer betrifft, muss man die Erst-Trauer als Urcausa suchen, also nicht selten ganz weit zurückgehen. Der Fakt, der die Urquelle des Albtraums ist, muss gefunden werden – und wenn er gefunden ist, kommt der Albtraum nicht wieder. Das ist die einzige echte Lösung und »Lösung« bei Albträumen. Daher muss man davon ausgehen, dass der Träumer sich nicht irrt – statt ihm den Albtraum auszureden.

Am Ende des Albtraums, der abbricht, käme das Nicht-Erträgliche. Angst, Panik, krampfhaftes Aussteigen und Aufwachen stoppen vor dem Unerträglichen. Es gibt diesen menschlichen Mechanismus auch im Wachsein. Zum Beispiel kann bei einem extremen Unfall ein Schock eintreten, der mit Aussteigen und Erinnerungsverlust einhergeht. Eine ähnliche Ausblendung des Schlimmsten, des Unerträglichen, ereignet sich bei einer sehr traurigen oder entsetzlichen Nachricht. Der Mensch sagt zuerst: »Das kann nicht wahr sein, das gibt es nicht!«

Wir schauen uns die Struktur eines Traums an: Das Finale enthält die Hauptbotschaft, die Auflösung, den Urgrund, das Verstehen sowie gegebenenfalls das Annehmen. Das Finale kann auch als *Realitätseinbruch* bezeichnet werden. Mit anderen Worten: Spätestens am Ende eines Traums kommt die Wahrheit! Außerdem laufen viele Träume zeitlich rückwärts: Sie beginnen im Jetzt und die Geschichte oder der Traumfilm geht dann zurück in die Genese,

Entwicklung, Kindheit. Am Ende wird also das Früheste dargestellt. Das Frühe ist oft identisch mit dem Grund für alles, also wie es angefangen hat; wie es gekommen ist; wie es sich erklären lässt. Und genau dieses ganz wichtige Finale fehlt im Albtraum. In dieses Finale muss man hinein, damit ein Albtraum seine bannende Kraft verliert. Da kann man also auch auf abgrundtiefe, chronische, total verdrängte, sehr frühe Trauer stoßen.

Eine Therapiemöglichkeit ist es deshalb, durchzuspielen, sich vorzustellen, vielleicht auch im Rollenspiel durchzuagieren, was im fehlenden Ende des Albtraums kommen könnte – und da wird man genau auf das *Unerträgliche* stoßen. Psychodrama, Gestalttherapie und ähnliche Verfahren bieten sich hier an. Bei der Suche und dem Versuch, das Unerträgliche zu akzeptieren, zu integrieren, muss man das Schlimmste für möglich halten: extreme Ablehnung (zum Beispiel durch die Mutter), Tabu, Todesgefahr und anderes mehr. Nicht nur verdrängt ist das böse Ende des Albtraums, sondern es ist oft einfach nicht gewusst. Es wirkt – und man hat keine Information darüber. Hier kommen nicht selten die großen Lügen gegenüber einem Kind ins Spiel. Durch die Freud'sche Assoziationskette, aber auch durch einen spontan verstandenen Archetyp sowie durch Anschauen/Untersuchung der zurückliegenden Lebensgeschichte kann das Fehlende am Ende gefunden werden. Man muss sich, wie gesagt, auf das Schlimmste gefasst machen, sonst findet man als Erklärung für einen Albtraum nichts.

Einen Archetyp etwa zu Angst, Alb oder Trauer im Traum kann man auch in der Weise aufschlüsseln, indem man die Struktur der Träume berücksichtigt: Wie in konzentrischen Ringen taucht das Hauptthema eines Traums mehrmals auf, in abgewandelten Bildern, die sozusagen in Kreisform angeordnet sind, und dabei auch einmal, am deutlichsten, im Zentrum. So kann ein Bild das andere übersetzen helfen. Das heißt, im abgebrochenen Albtraum gibt es vermutlich auch schon Bruchstücke, Varianten, Hinweise für das fehlende Ende.

Der wiederkehrende Albtraum bedeutet, dass das Traum-Ich immer wieder eine unerledigte Belastung oder eine Bedrohung, über die das Bewusstsein nicht informiert ist, anschauen, darstellen, verstehen und lösen will. Doch es bleibt bei dem Versuch (es ist ein Heilungsversuch), es endet wieder mit Abbruch. Man sollte das Traum-Ich unterstützen und die Hürde vor dem Allerunerträglichsten einreißen. Mutig und schonungslos muss man das Schlimmste sich vorstellen und fiktiv das Traum-Ende, das fehlende Albtraumfinale herstellen, ob in Gedanken, Gefühlen oder im Rollenspiel. Das wird sehr traurig sein. Albträume haben handfeste Gründe wie zum Beispiel Muttertrennung, Elternverlust, Todesgefahr – wenn auch übertrieben gemalt.

Archetypen-Lexikon zu den Themen Trauer, Verlust, Schmerz, Zusammenleben

Folgendes ist zu beachten bei der Benutzung dieses Lexikons: Archetypen sind in ihrer Bedeutung vielschichtig, zum wenigsten ambivalent/polar. Sie haben eine potenziell negative und eine potenziell positive Seite, beinhalten die Yin- und die Yang-Seite. *Lachen* im Traum kann gerade die in diesem Buch thematisierte Traurigkeit sein. Zum Archetyp *Wasser* gibt es »das Wasser des Lebens« und das »Wasser des Todes«. Das Symbol *Schwarz* bedeutet sowohl Trauer, Tod, Negatives als auch Power, Stärke. Der Archetyp *Hund* hat zum Beispiel wenigstens folgende Inhaltsmöglichkeiten: Aggression, Männliches (eventuell Vater, Bruder, Sohn), Sex (etwa wenn er im Märchen als Wolf einbricht), Treue, Servilität. Der *Hund* ist nicht nur Freund/Blindenführer, sondern auch spiritueller Seelenführer (griechisch *psychopompos*). Er bewegt sich, als Instinkt- und Intuitionstier, im Grenzbereich zwischen Unterwelt und Oberwelt, zwischen Bewusstsein und Unbewusstem, deshalb ist er der »Hüter der Schwelle«, er liegt und wacht am Eingang, negativ ausgedrückt ist er hier der »Höllenhund«. Ähnlich vielschichtig ist das *Pferd*-Symbol. Schamanen bevorzugen Pferde und Hunde als Medium. *Pferd* intendiert ein Weiblichkeits-, Mutterthema. In dem folgenden Lexikon ist zur Archetypbedeutung, also bei der Übersetzung des Traumsymbols, nur der Aspekt hervorgehoben, der für das Thema Trauer/Verlust relevant ist. Die Deutungsvorschläge sind also nicht vollständig. Die vorgeschlagene Symboldeutung ist in erster Linie als Anreiz zu verstehen oder als erster Einstieg oder als Option. Überhaupt sollte man sich nie wörtlich und ausschließlich auf irgendeine einzige Symbolbedeutung verlassen, die in irgendeinem Buch steht.

Neben der archetypischen Bedeutung eines Traumsymbols ist die persönliche Besetzung und Anmutung des Träumers zu einem solchen Symbol zu beachten. Diese ist je individuell. Sie kann unter günstigen Umständen durch die Assoziationskunst Freud'scher Art hervorgeholt werden. Sie fußt auf der persönlichen Erfahrung und auf der individuellen Biografie des Klienten. Empfehlenswert ist, die Jung'sche archetypische und die Freud'sche biografisch abhängige Bedeutung eines Traumsymbols zusammenzunehmen, in neutraler Vor-Einstellung (ohne Vorurteil). Nicht selten widersprechen sich die beiden Bedeutungen am Ende nicht. Soll zwischen den zwei Methoden, dann also auch zwischen zwei Bedeutungen, entschieden werden, überlässt der Trauerbegleiter dies am besten dem Klienten; der weiß es vielleicht besser. Denn die Intuition, auch die des Klienten, ist eine wesentliche Kraft. Manchmal lässt auch der Erkenntnisstand eines Trauernden alternative, relativierende Aussagen nicht zu. Man holt jeden Menschen da ab, wo er steht, überfordert also niemanden mit einer Symboldeutung.

Abgeholtwerden: Kann den großen Abschied aus dieser Welt, also die Reise ins Jenseits meinen.

Acht: Neben Idealität und Vollkommenheit (Buddhismus) kann es sich bei dieser Zahl auch um Leid, Achtung, Aggression handeln.

Aggression: Kommt sehr oft im Traum vor, mit sehr verschiedenen Bildern. Hier erwähnen wir nur die Besonderheit, dass Aggression in der Symbolik in aller Regel »männlich« dargestellt wird, das heißt aber nicht, dass Aggressionen nur von Männern stammen.

Albtraum: Meist keine Fiktion oder bloße Angst, sondern realistische Erinnerung. Der Fakt, um den es geht, liegt aber oft sehr fern im Unbewussten oder in der Frühzeit. Man muss immer auch an die Möglichkeit denken, dass es vielleicht um ein Trauma von Vorfahren geht, ohne dass das aber ersichtlich ist.

Alleinsein: Alleinsein und Einsamkeit sind pointiert ausgedrückt eine Vorstufe von Tod. Deshalb geht es hier meistens um etwas sehr Trauriges.

Alt: Meint gern etwas Vernachlässigtes oder Marodes, kann also etwas tendenziell Trauriges anzeigen. Komplementär jedoch als Zukunft.

Angst: Im Traum erkennt man, dass Angst zum einen oft unterdrückte Aggression ist, die man sich aber angesichts einer ganz schwachen Position nicht leisten kann. Zum anderen ist Angst im Traum nicht eingebildet, also weder neurotisch noch hysterisch noch übertrieben, sondern sie verweist auf eine Realitätsszene, auf eine echte (wenn auch unbewusste) Erinnerung, in der die Angst berechtigt war.

Aufgabe: Es mag überraschend sein, aber im Traum können dem Menschen eine spirituelle Aufgabe oder die Bestimmung seines Lebens gezeigt werden. Besonders die Indianer beachteten solche Aufträge im Traum.

Auge: Oft ist eigentlich »Seele« gemeint oder auch Zuwendung/Liebe. Das gegenteilige Symbol, also beispielsweise Blindheit, kann einen seelischen Schmerz oder eine Traumatisierung darstellen.

Auto: Ein sehr vielschichtiges Symbol. Kann ein Ich, eine Persönlichkeit darstellen, und zwar im körperlichen Aspekt, nicht im mentalen Aspekt. Fungiert auch gern als »Beziehungskiste«: das Paar vorn. Wer steuert, wer stört? Kindheit: auf den Rücksitzen.

Autounfall: Meist gefährdete Gesundheit oder körperliche Verletzung andeutend. Tendenziell ist der Unfall nicht Zukunft, sondern eine echte, unbewusste Erinnerung, beispielsweise an ein Geburtstrauma.

Backstein: Ein Haus mit Backsteinen meint fast immer die Mutter als ehemals Schwangere.

Bahnhof: Symbol für Weichenstellungen im Leben. Es kann die Geburt gezeigt werden oder auch eine Scheidung oder umgekehrt ein Wiedersehen mit einem Geliebten.

Band, Bindung: Die Bindungen unter Menschen werden im Traum gern mit konkreten Bändern, Fesseln, Ketten, Leinen dargestellt. Klassisch ist der Archetyp Gummiband = feste Bindung an eine Person, aber mit großem Spielraum. Bindungsverlust, Bindungsgefährdung können sich in solch einem Motiv zeigen.

Baum: Der Baum ist ein Symbol für ein Ich, für ein Leben, auch nicht selten für eine schützende Mutter. Der Baum, der umkippt oder gefällt wird, deutet ein Thema aus dem Bereich Tod/Todesangst an.

Beerdigung: Hat meistens nichts mit Tod zu tun, sondern es geht um eine radikale Verabschiedung von irgendetwas. Ähnliches gilt auch für »Begräbnis« und »begraben«.

Behinderung: Eine körperliche Behinderung im Traum meint in aller Regel eine psychische Behinderung oder Beeinträchtigung.

Beinverletzung: Oft eine Verletzung, Behinderung in der Fähigkeit, eigenständig durchs Leben zu gehen. Nicht selten auch ein Sexualitätsproblem (erotische Bedeutung des Beinsymbols).

Benzinflecken: Siehe Teer.

Besuch: Nicht selten Wunsch, Sehnsucht, besondere Sucht.

Beton: Arg versteinertes Gefühl, bis hin zu grausamer Ablehnung. Beton verweist auf eine Erinnerung, wo der Träumer emotional gelitten hat.

Blau: Eine Farbe der Heilung und der Spiritualität, des Himmels, zumal als Kobaltblau mit Gold (vgl. den Buddha im Lapislazuli-Glanz). Also eine Farbe, die nicht das diesseitige Leben betont, sondern grundsätzlich etwas Geistiges. Als Heilfarbe wird sie von Kranken aufgesucht und angezogen. Daher kann Blau indirekt einen Mangel an Vitalkraft, ein mögliches Kranksein zeigen.

Blut: Meist als Steigerung von Tränen zu verstehen, im Sinne von blutigen Tränen. Es sind also oft heftiges Weinen, sehr starker Schmerz gemeint.

Braun: Oft die Farbe für tiefe Trauer, für große Probleme, für Depression; sonst Mutter Erde.

Brücke: Häufiger Archetyp für die Geburt (ähnlich wie das Symbol »Bahnhof«).

Buch: Wahrheit, Information, Aufklärung, nicht selten das ganze Lebensskript, wie »das Buch des Lebens« im Islam beziehungsweise Koran.

Bügeln: Hat gern die Bedeutung, etwas glatt machen zu wollen, kann daher als Verdrängungsversuch gedeutet werden.

Bunt: »Am farbigen Abglanz haben wir das Leben«, sagt Goethe. Bunt steht also für Vitalität, Leben und ist in der Regel das Gegenteil von Trauer.

Bus: Ein nicht selten vorkommender Archetyp für eine Erinnerung an die Uteruszeit (ähnlich das Symbol »Zug«), verschiedentlich auch für Aufbruch, Abgeholtwerden.

Coitus: Die alten (antiken, orientalischen) Traumbücher kannten diesen Archetyp sehr gut, es steht so auf irgendeine Weise das Thema Tod im Raum (nicht Sex).

Diebstahl: Meist ist ein seelischer Raub gemeint und bezieht sich dann beispielsweise auf Lebenskraft oder Erotik (bis hin zu Missbrauch).

Drei: Zahl der Faktizität und Dialektik sowie allgemein der Entwicklung/Produktion. Ein Trauminhalt, der mit dieser Zahl verbunden ist, ist ernst zu nehmen.

Dunkelrot: Sehr starke Sehnsucht, manchmal eine Variante von Sucht.

Eckiges: Eckiges oder Kantiges beinhaltet Aggression.

Einbruch: Einbrecher kommen häufig im Traum vor. In Kinderträumen kann ein Vorwissen vorhanden sein, dass die Ehe der Eltern zerbricht. Ansonsten geht es meist um eine Erinnerung an eine Gefährdung, nicht selten um eine Lebensgefahr in der Uteruszeit.

Eis: Lebensfeindlichkeit, Todnähe, Gefühlskälte.

Eisen: Als Mars-Prinzip hat es die Bedeutung von Aggression.

Ekel: Unterdrückte, nicht zugelassene Gegenwehr, Abneigung, Wut.

Elefant: Große Weisheit.

Elektrizität: Lebenskraft, im Sinne etwa des Chi oder des Atman.

Enge: Eine sehr ungute Situation, hat nicht nur sprachlich, sondern auch faktisch mit Angst zu tun.

Engel: Überraschende Helfer in Menschengestalt. Werden manchmal erst am Ende eines Traums als »Engel« erkannt oder bezeichnet.

Englisch: Für Mitteleuropäer unbewusst/jenseitig, manchmal auch unehrlich.

Ente: Überlebenssymbol und Jenseitssymbol (schon bei den Etruskern).
Ertrinken: Allgemein Lebensgefahr, klassischer Archetyp für Tod. Je schmutziger das Wasser ist, umso stärker ist das Todthema präsent.
Essen: Hat meistens die Bedeutung, etwas zwingend und stark zu integrieren. Kann aber auch ein Archetyp für Sex sein.
Fahrrad: Meint das Gegenteil von Beziehung, Partnerschaft. Steht also gern für eine mentale Single-Persönlichkeit.
Fahrstuhl: Kann den Geburtsprozess meinen (ähnlich wie Tunnel), aber auch die Sexualität. Oft spielt sich im Fahrstuhl im Traum Lebensgefahr ab (Herausschleudern, Abstürzen); dann könnte es um ein unbewusstes Geburtstrauma gehen.
Fallen: Hat weder mit Sex noch mit Sturz zu tun, sondern meint den großen Sprung ins kalte Wasser. Übersetzt meint dieser Archetyp: radikale Entwicklungsetappe, großer, unsicherer Schritt in die Zukunft (was natürlich Angst machen kann).
Fenster: Durchs Fenster sieht man interessante Dinge im Traum, nämlich etwas wie die Anderwelt, das heißt unbewusste Inhalte, die sonst geheim sind, oder auch spirituelle Inhalte. Ein Fenster trennt sozusagen Diesseits und Jenseits.
Feuer: Als Feuersturm und Feuerbedrohung ist Feuer einer der ältesten Archetypen für Tod beziehungsweise für Todesgefahr. Feuer meint eine enorme Erregung, mit meist ungutem Vorzeichen. Arge Bedrohung, auch bezüglich Krankheiten oder gar Krebs. Generell ein häufiges Bild für außerordentliche Angst, für Gefahrenwitterung.
Fliege: Meist eindeutig ein Negativum. Sie ist nicht umsonst in der Bibel eine Variante des Teufels. Wie bei den meisten Insekten im Traum wird etwas Ungutes beziehungsweise Stressiges gezeigt.
Fliegen: Hier geht es um eine Seele ohne Körper und Schwerkraft. Also handelt es sich um eine Art von »out of body«-Erlebnis oder um den großen geistigen Überblick, so auch manchmal um Vorgeburtliches oder Nahtodliches, wenigstens um eine einmalige Freiheit.

Foto: Verschiedentlich kommt in Träumen vor, dass man ein Foto von einer Szene machen will und dass dies aber technisch nicht funktionieren will: Da zerbricht eine Illusion. Das Nicht-Foto zeigt: die Szene oder das Erlebnis, zum Beispiel eine Einzelheit aus der Kindheit, ist nicht wahrhaft erlebt worden beziehungsweise war sie sehr schmerzlich. Nicht-Foto oder zerstörtes Foto = Katastrophe statt Glück (Illusion); manchmal nur eine fehlende Information.

Frau, schwarz: Eine Frau in schwarzer Kleidung kann dem Archetyp der schwarzen Göttin entsprechen. Dann wird auf etwas wie Krankheit, Stress, Depression, Todnähe verwiesen. Gerade Depression ist gern »die Dame in Schwarz« (C. G. Jung).

Fremder: Hat als Archetyp keine gute Bedeutung. Meint latente Gefahr oder Aggression.

Geburtstag: Die Symbole Geburtstag oder Geburtstagsfeier oder auch Weihnachten verweisen auf einen Umstand bei der eigenen Geburt. Da kann manchmal etwas unbewusst Schmerzliches zum Vorschein kommen. Auch dies: ehemals abgelehnt-oder-willkommen.

Gegenüber: Die Position spricht nicht für ein Miteinander, sondern zeigt eine latente Gegnerschaft an.

Gegenverkehr: Starke feindliche Kräfte (Personen) wirkten irgendwann einmal gegen den Träumer.

Geschäft: Meist verbirgt sich in dem Bereich Kaufhaus, Laden, Einkaufen, Bezahlen irgendein Mutterthema (gern Muttersehnsucht, Muttersucht).

Gesicht: Sein Gesicht zeigen ist erstens Wahrheit und zweitens Liebe. Ein Mensch, der sein Gesicht nicht zeigt ist, ist oft ein Lügner oder er lehnt ab. In diesbezüglichen Traumszenen steckt manchmal ein großes Trauma von Kindern, die keine Mutterliebe hatten. Gesicht ist Zuwendung.

Glätte: Zum Beispiel als Raureif oder dünne Eisschicht ist die Glätte ein Signal für große Gefahr, sogar für Lebensgefahr.

Gras: Gras als grüner Rasen meint etwas Ähnliches wie die Grünkraft bei Hildegard von Bingen. Man könnte übersetzen: starkes frühes Wachstum. Zum Motiv »grünes kurzes Gras« gehören gerne Szenen (Erinnerungen) aus der Schwangerschaftszeit.

Hand: Hat meistens mit Handeln, Aktivität zu tun. Im Märchen gibt es einen Archetyp »Das Mädchen ohne Hände« – das ist eine sehr unselbständige Frau.

Haus: Vielfach in Träumen auftauchend. Zumindest kann man sich merken, dass es die Bedeutung hat: augenblickliche Lebensumstände.

Herbst: Symbol für Abschiednehmen und für Übergang.

Hilferuf: Oft verbunden mit Stammeln und Nicht-artikulieren-Können im Traum. (Gar so, dass ein Mitschläfer aufwacht.) Meist Erinnerung an wirklich bedrohliche, sehr frühe, sprach-lose, todnahe Situation.

Hitze: Unabhängig von der Umgebung der Hitze und von dem Grund für sie meint es einen besonderen emotionalen Zustand, und zwar im Sinne von großer Aufregung, gegebenenfalls sexueller Erregung oder Aggression.

Hölle: Archetyp der Bedrohung und Angst; gern stellvertretend und übertreibend für den Inhalt Tod.

Insekten: Großer Stress, eventuell nicht ungefährliche Krankheit.

Kämpfen: Oft mit Angst, Unterlegenheit verbunden, auch gern mit dem Verfolgungsthema. Es ist immer daran zu denken, dass die Erinnerung nicht trügt, sondern dass der Träumer einmal aggressiv bedroht worden ist, auch wenn die Geschichte mittlerweile unbewusst oder vergessen ist. Im Sonderfall kann Kämpfen auch eine Chiffre für Sexualität sein.

Katze: Sofern es sich um eine Großkatze handelt: In Löwin oder Tiger verbirgt sich nicht selten die Aggressivität einer Frau oder Mutter.

Keller: Vorgeschichte, Basis, tief Unbewusstes, verdrängte oder negativ empfundene Psychenteile; daneben auch Information über die Schwangerschaftszeit.

Kind: Eine wesentliche Bedeutung des Archetyps Kind ist die Liebe, weniger die Neuheit.

Klappern: Klappern und Zittern bedeutet eine große Unterlegenheit, oft in der Nähe von Todesfurcht, das heißt Maximum von Trauer/Angst/Weinen.

Kleidung: Meistens geht es um Rollen und Charakterprägungen, nicht um den Seelenkern.

Klein: Kleinheit meint meistens mental kleinmütig, kleingeistig, engstirnig.

Krankenhaus: Wie in der Realität kann es bei diesem Archetyp um eine Krankheit oder um eine Heilungschance gehen.

Küche: Zeigt in aller Regel die Muttererfahrung.

Lachen: Ist sehr ambivalent, ist zwar auch ein Ausdruck für Lust, steht aber auch sehr gern für gequältes Lachen. Da geht es vom Kichern über den Stress bis hin zu sehr großem Leid. Lachen kann also für Weinen stehen (Komplementärtraum).

Lähmung: Handlungsunfähigkeit, Handlungsohnmacht.

Lastwagen: Meist geht es um eine schwere psychische Last (in der Regel aus der Vergangenheit).

Leiche: Oft geht es um eine »gestorbene«, erledigte Sache.

Licht: Licht ist ein Archetyp für Leben, für Lebenskraft. Daher ist Lichtlöschen oder Stromausfall ein bedrohliches Traumsymbol.

Liegen: Kann dafür stehen, erschöpft zu sein, körperlich oder psychisch ziemlich danieder zu liegen.

Mann mit Hut: Der alte Mann mit Hut, der nur von Ferne zusieht, kann nach alter heidnischer Archetypik der Gevatter Tod sein (Odin), als würde der sich schon irgendwie in der Nähe bewegen.

Mantel: Besonders als schwerer Mantel handelt es sich um eine aufgeprägte, früh aufgezwungene, ärgerliche Rolle, um eine Fremdprägung, die zu einem Charakterteil geworden ist. Ein Mantel steht also für Selbstentfremdung, Belastung.

Mauer: Fassade einer Person, deshalb manchmal als Abweisung und Ablehnung zu interpretieren. Aber auch als Problem, was überwunden werden muss.

Morgens: Ob es nun um das Aufstehen geht oder um den Schulbeginn, in der Regel ist unsere frühe Kindheit gemeint. Ähnlich wie der Abend des Tages für den Lebensabend steht.

Müll: Als Müllinhalt oder Gerümpel bis hin zu Kot und Ähnlichem werden die argen, negativen Komplexe gezeigt, die man in seiner Entwicklung ungewollt mitbekommen hat.

Nacktheit: Hat nichts mit Sexualität zu tun, sondern zeigt den Menschen in seiner Echtheit und Wahrheit. Scham und Peinlichkeit in der Nacktheit verweisen auf Schuldkomplexe, auf geheime Selbstablehnung.

Nebel: Relativ starker Archetyp für Tod, Tödliches.

Nichtverstehen: Nicht nur eine misslungene Kommunikation, sondern manchmal eine gravierende oder endgültige Trennung zwischen zwei Menschen.

Nichts: Entspricht der buddhistischen Leere und auch der astrophysikalischen Leere, welche eigentlich die Weltschöpfung darstellt; darin befindet sich der Mensch oder das Leben als winzigster Punkt, mit Verlassenheitsgefühl und auch Traurigkeit.

Obst: Verschiedene Obstsorten, wie Beeren, Äpfel, Apfelsinen, Birnen, verraten gern eine große Sehnsucht und frühere Unbefriedigtheit bezüglich Mutter (mammae); oder auch natürlich Fülle. Die Früchte können nicht nur auf orale Süchtigkeit, sondern auch auf andere Süchte hinweisen. Positiv gedeutet sind sie Lust, nicht selten Sex.

Ölflecken: Siehe Teer.

Parkplatz: Oft gibt es in Träumen die Szene, dass man sein abgestelltes Auto auf dem Parkplatz nicht wiederfindet. Hier liegt in aller Regel ein Geburtstrauma vor.

Pferd: Verweist gern auf das Thema Mutter und Schwangerschaftszeit. Ist nicht selten mit einem Trauma oder Kompensation verbunden. Pferd tritt Fohlen = Abtreibung.

Plastik: Ausnahmsweise ein nicht ambivalentes, sondern ein eindeutig negatives Symbol. Steht als Archetyp für Stress und/oder Krankheit.

Prüfung: Angstträume bezüglich einer misslungenen Prüfung sind häufig. In der Regel ist nicht das Examen oder die Fahrschule gemeint, sondern es geht um das unbewusste Wissen, dass man eine gewisse Reifestufe nicht erreicht hat.

Putzen: Kann damit zu tun haben, hysterisch unangenehme Wahrheit wegwischen zu wollen.

Rau: Zum Beispiel als raue Mauer verweist es auf spröde, aversive Gefühlserfahrung.

Rechnung: Hierhin gehören viele Traumszenen mit Einkaufen und Kassen, Kassiererin und Kassieren. Nicht selten ist die Rechnung am Ende eines solchen Traums oder Einkaufs zu hoch oder ungerecht zu teuer. Das kann beispielsweise heißen, dass man als Kind mehr »geben und bezahlen« musste, als man erhielt. Und hat natürlich oft mit der Muttererfahrung beziehungsweise der Elternerfahrung zu tun.

Rolle: Als banale Schauspielrolle kann sie einfach unsere Individualität meinen.

Rot: Ambivalenter Inhalt. Lust, Lebensfreude, Sex, aber auch Aggressivität und Blut.

Sackgasse: Lebenssituation, die keinen Ausweg zeigt. Ähnlich dem Symbol *Holzweg:* Lebensweg, Entscheidung, Etappe werden dem Träumer als falsch angezeigt.

Sand: Eher ungutes Symbol, unsichere Lebenslage oder Basis (eben nicht »fest«).

Sarg: Zeigt, eine Sache ist abgetan, ist erledigt. Kann aber auch als Symbol für ein Wiederauferstehen fungieren.

Schlagen: Handfestes Symbol für nur mentale Aggressivität. Kann in Sonderfällen für sexuelles Tun stehen.

Schlamm: Schlamm, Sumpf, Matsch, Moor zeigen sehr ungünstige, nicht selten krankmachende Lebensumstände, todgefährliche Situationen an.

Schlange: Von den vielen (auch positiven) Bedeutungen gibt es eine psychologisch negative: nämlich eine Gefahr, die nicht offen, sondern versteckt ist.

Schnee: Steht kurz gesagt für eine sehr große Gefahr, mit knapper, glücklicher Rettung. Passt also zu einem schweren Unfall, den man wie durch ein Wunder überlebt hat.

Schrank: In der Regel als mütterlicher Uterus oder als die Mutter zu deuten.

Schuhlosigkeit: Schuhe, möglichst gut und praktisch, stellen die körperlich gesunde Basis und mentale Ausrüstung für unser Leben, für unseren Lebensweg dar. Wenn ein Schuh fehlt, oder beide, oder das Schuhwerk unzureichend ist (zum Beispiel Pantoffel, Sandalen), wird ein Trauma vorgeführt, eine größere Lücke in der Entwicklungsgeschichte.

Schwarz: Ambivalenter Archetyp. Umfasst beispielsweise die Bedeutungen Sexualität, Diesseitigkeit, Körper, Wiedergeburt, Power, Männlichkeit, Aggression wie andererseits Unheil, negatives Vorzeichen, Todesnähe, Todwarnung, Trauer.

Schwarz-Weiß: Wie in der Redewendung »schwarz auf weiß« wird meistens eine sehr wichtige wahre Information im Traum gezeigt.

Schwimmen: Sexualität und/oder Erinnerung an die Uteruszeit.

Sofa: Ähnlich wie bei Stühlen oder Sesseln oder Bänken geht es um eine Beziehung mit irgendeiner Person (meist um die Muttererfahrung).

Spiegel: Eine von den vielen Bedeutungen dieses Archetyps ist die Anderwelt, etwas wie ein Todes-Omen. In den Bestattungsriten vieler Kulturen (zum Beispiel im Judentum) spielt deshalb der Spiegel eine Rolle.

Spinne: Ihr Negativaspekt ist ähnlich wie bei der Schlange: eine Bedrohung, Umgarnung, Fesselung, die sich nicht als offene Aggressivität zeigt.

Strand: Uferszenen oder Szenen mit einem Schiff auf Reede verweisen in der Regel auf ein Geburtsthema (das Leben kommt vom Wasser ans Land).

Streit: Der Person, mit der man im Traum Streit hat, geht es im Moment wahrscheinlich recht schlecht. Der Träumer sieht, wie telepathisch, den aktuellen Stress dieser Person.

Tanzen: Meist geht es um Sex, um eindeutigen Sex.

Teer: Stellt eine sehr üble Basis dar, ob nun fürs Leben oder für eine Beziehung. Ist vergleichbar mit negativen Benzin- oder Ölflecken. Das Material und das Schwarze haben hier eine ungute Bedeutung.

Tisch: Ist ein Archetyp, um die Wahrheit über Beziehungen zu zeigen. Die Positionen am Tisch, zum Beispiel nebeneinander oder gegenüber, sind sprechend. Der runde Tisch zeigt dabei eine bessere Beziehung an als der kantige Tisch.

Tod: Töten hat keine geringe Beziehung zum Sex, kann konkret für Sex/Coitus stehen. Vergleiche die Heilige Hochzeit oder den Totentanz. Ähnlich ist auch der Thanatostrieb eng mit dem Erostrieb verbunden. Davon abgesehen meint Tod oft nur die Erledigung, das Ende einer Angelegenheit. Ist also nicht zu verwechseln mit faktischem Sterben. Erfahrungsgemäß haben Träume, die mit dem wirklichen Tod zu tun haben, eine spezielle Symbolik (zum Beispiel im Schlamm versinken) und außerdem Nebeninformationen, wo es nicht selten um das Weiterleben nach dem Tod geht.

Traktor: Ist in der Regel ein Aggressionssymbol.

Träumen: Träumen im Traum heißt manchmal, etwas unbewusst zu wissen.

Treppe: Ähnlich wie bei Stufenaufgang oder Leiter ist meist unser Lebensweg gemeint. Da gibt es natürlich auch traurige oder defizitäre Biografien: Dann fehlen Stufen auf der Treppe des Traums oder einige Stufen sind außerordentlich verdreckt. An der obersten Stufe wartet in den meisten Träumen die Erlösung beziehungsweise eine Gottfigur. (Vgl. zur Symbolik Hermann Hesses Gedicht »Stufen«.)

Trocken: Trockenheit ist meistens ein ungutes Symbol im Traum, nämlich das genaue Gegenteil zu den Säften des Lebens.

Überholen: Wird dem Träumer das Überholen verweigert, wird er in fast lebensgefährlicher Weise unterdrückt. Bei der Deutung sollte man an die Kindheit des Träumers denken (Geburtstrauma, Blockaden).

Uhr: Steht selten für die Zeit, sondern meist für ein Ich, für eine Wahrheit, für ein Leben.

Urlaub: Ähnlich wie beim Symbol *Wochenende* ist angedeutet, dass es hier um den Lustbereich des Träumers geht.

Verfolgung: Verfolgungsträume sind realistische Erinnerungen an Gefahr, Bedrohung, Bedrängnis, auch manchmal rein mentaler

Art. Oft kommt zum Ausdruck, dass es am entschiedenen inneren Nein fehlt. Dass also der Träumer teilabhängig (vom Verfolger) ist, ohne es zu wissen. Hier spielt sich auch subjektstufig die Angst vor dem Ausbruch der eigenen Schattenseiten ab, die einen »einholen« könnten. Oder es ist, objektstufig gedeutet, einfach eine Unterlegenheit dargestellt, die im Moment Fakt ist oder die einmal Angst machend Fakt war.

Vergessen: Vergessen heißt meist, etwas nicht wahrhaben wollen; oder es geht um eine große Desillusionierung, das heißt, trotz großer Illusion »fehlt« etwas Entscheidendes.

Verspätung: Kann eine Erinnerung sein an einen großen traumatischen Misserfolg, der wird aber vom Bewusstsein verharmlost, eher verdrängt. Gehört oft zu einer Geburtsverzögerung (Erstprägung).

Vier: Einer der (vielen) Aspekte der Vier ist, dass sie Leid = Passion, schwieriges Weltleben darstellt.

Vögel: Generell ein Symbol für Seelen, und zwar für körperlose Seelen. Sie können also beispielsweise ein Geheimnis um abgetriebene Kinder verraten, welche sich nicht per Geburt als Körper, Materie manifestierten. Geistiger Kern eines Wesens.

Waffen: Die typischen Waffen eine Mannes wie etwa Pistole, Gewehr, Lanze verweisen oft auf ein Thema, das mit dem Phallus zu tun hat.

Wald: Das große Unbewusste oder der Gefühlsbereich, auch die Schwangerschaftszeit.

Wäsche, schmutzige: Ein Geheimnis, eine unangenehme Sache, die lange und tief verborgen gewesen ist. Typisch für Familiengeheimnisse und -tabus.

Waschen: Entwicklungsversuch.

Wasseroberfläche: Zeigt meist einen Gemütszustand an; das reicht von ruhig und erleuchtet bis aufgeregt und chaotisch, je nach Struktur der Oberfläche (Wellengang, Windstille und anderes mehr).

Weggehen: Manchmal kann ein gravierender, endgültiger Abschied gemeint sein oder ein unumkehrbarer Verlust.

Weinen: Nicht selten geht es um ungelebte Tränen, also um ein lange aufgeschobenes Weinen als echtes Gefühl, als echte Reaktion.

Weiß: Ein Aspekt dieser ambivalenten Farbe ist die Sterilität, das Nichtleben. So ist nicht zufällig Weiß in vielen Kulturen die Trauer- oder Todesfarbe. Ein anderer Aspekt ist Verstärkung/Potenzierung (der weiße Hirsch, der weiße Elefant).

Wetter: Generell zeigt das Klima, zeigen Wetterumstände bestimmte seelische Befindlichkeiten an. Also kann *Regen* Trauer, Depression, Enttäuschung sein. *Sonnenschein* wirkt natürlich positiver. Die *blendende Sonne* ist aber kein gutes Zeichen. *Unwetter, Gewitter, Orkan* können Gefahren, Katastrophennähe, auch mental, zeigen.

Wettkampf: Eine gefährliche oder ernste Situation, wie auch manches *Spiel* oder eine *Lotterie*. Einen Wettkampf verlieren im Traum heißt oft, mehr als nur ein Spiel zu verlieren.

Wiedergeburt: Wird als Tatsache nicht selten in Träumen gezeigt.

Winter: Bedeutet unter anderem Gefühlskälte oder allgemein schlechte äußere Bedingungen; manchmal auch ein Todthema meinend.

Zahn: Erwähnt sei hier nur ein Aspekt, nämlich der oft im Traum auftretende Zahnverlust. Das kann einen oder viele Zähne betreffen und gleicht einem Albtraum. Zähne sind unsere Waffen und ein Zahnverlusttraum zeigt an: Im Moment (oder gegebenenfalls früher) bin ich nicht Sieger, sondern bin unterlegen, schwach. Zahnlosigkeit ist Machtlosigkeit.

Zeitung: In der Regel eine nicht zu unterschätzende Wahrheitsinformation im Traum, auch als Korrektur, Aufklärung.

Zimmer: Verhaltensweisen, Rollen oder Persönlichkeitsseiten.

Zuviel: Ein Zuviel an Menschen, an Lärm, an was auch immer, ist ein negatives Symbol, stellt eine aggressive Umgebung dar.

Zwei: Ein Aspekt der Zwei ist der der Spaltung, des Gegensatzes. In der Regel sind *zwei* Personen/Begleiter/Gefährten nicht positiv.

Schlusswort

Träume liefern Informationen zum Sinn des Lebens. Träume zum Thema Trauer sind besonders lehrreich und hilfreich, da sie den Sinn des Lebens unter Einschluss von Leid, Verlust, Trauer anzeigen, und nicht ohne. Unter den menschlichen Erklärungsmodellen und -versuchen für das Negative, für das als negativ Empfundene, sprich: für das Leid oder den Tod oder gar für das sogenannte Böse, ragt der Traum als Ausnahme hervor: Er liefert Antworten, nachvollziehbare Antworten für das Schmerzliche, für das Unerträgliche, für das Unfassbare. Die Religionen geben oder versuchen hier auch Antworten, die aber oft unbefriedigend wirken, da sie eine Frage des Glaubens sind oder weil sie Widersprüche enthalten. Wenn der Mensch mit Hilfe des Traums eine Antwort erhält auf das »Wozu? Warum?« (Friedrich Nietzsche und Viktor Frankl betonen die Wichtigkeit dieser Frage), ist dies, nämlich der Abbau der Absurdität (!), eine entscheidende Voraussetzung, um mit der Trauer umgehen zu können, um das Leid ertragen zu können. Händeringend sucht mancher Trauernde nach Antworten – der Traum kann sie liefern.

Literatur

Ahrens, U. (1996). Fremde Träume. Eine ethno-psychologische Studie. Berlin: Reimer.
Aristoteles (1997). Kleine naturwissenschaftliche Schriften (Parva naturalia). Übersetzt und hrsg. von E. Dönt. Stuttgart: Verlag Philipp Reclam jun.
Baumann, A. (1986). ABC der Anthroposophie. Bern und Stuttgart: Hallwag Verlag.
Bridges, W. (2004). Transitions. Making sense of life's chances. Cambridge: Da Capo Press.
Die Brüder Grimm (1949/1993). Kinder- und Hausmärchen. München: Artemis und Winkler.
Cooper, J. C. (2004). Das große Lexikon traditioneller Symbole (2. Aufl.). München: Goldmann Verlag.
Edinger, E. F. (1990). Der Weg der Seele. Der psychotherapeutische Prozess im Spiegel der Alchemie. München: Kösel Verlag.
Flöttmann, H. B. (1998). Träume zeigen neue Wege. Systematik der Traumsymbole. Stuttgart: Kohlhammer Verlag.
Freud, S. (1900/1961). Die Traumdeutung. Frankfurt a. M.: Fischer Verlag.
Freud, S. (1917/1992). Trauer und Melancholie. Studienausgabe, Bd. 3. Psychologie des Unbewussten. Frankfurt a. M: S. Fischer Verlag.
Grof, S., Halifax, J. (1980). Die Begegnung mit dem Tod. Mit einem Vorwort von Elisabeth Kübler-Ross. Stuttgart: Klett-Cotta Verlag.
Heine – Nationale Forschungs- und Gedenkstätten der klassischen deutschen Literatur in Weimar (Hrsg.) (1970 ff.). Heinrich-Heine-Säkularausgabe. Werke, Briefwechsel, Lebenszeugnisse, Bd. 20. Berlin: Akademie Verlag.
Indianerweisheiten = Black Elk Speaks, Schwarzer Hirsch (Oglala-Sioux) spricht. Im Internet unter: www.rainbowsociety.de/indianerweisheiten.html. Zugriff am 1.11.2013
Janus, L. (2011). Der Seelenraum des Ungeborenen. Pränatale Psychologie und Therapie (3. Aufl.). Ostfildern: Patmos Verlag.
Jung, C. G. (1971). Mensch und Seele. Aus dem Gesamtwerk ausgewählt von J. Jacobi. Olten: Walter Verlag.

Jung, C. G. (1975). Psychologie und Alchemie. Traumsymbole des Individuationsprozesses. Die Erlösungsvorstellungen in der Alchemie und anderes. Studienausgabe. Olten: Walter Verlag.
Jung, C. G. (1990). Traum und Traumdeutung. München: dtv.
Kast, V. (1982/1999). Trauern. Phasen und Chancen des psychischen Prozesses. Stuttgart: Kreuz Verlag.
Kastinger-Riley, M. (1998). Hildegard von Bingen (3. Aufl.). Reinbek: Rowohlt Verlag.
Kierkegaard, S. (1855/2013). Tagebuch, 25.09.1855. Zitiert in: Salvesen, C., Entweder-Oder. Soeren Kierkegaard zum 200. Geburtstag. Zs. Visionen, Ausgabe 5, 37.
Kiessig, M. (Hrsg.) (1976). Dichter erzählen ihre Träume. Selbstzeugnisse deutscher Dichter aus zwei Jahrhunderten. Stuttgart: Verlag Urachhaus.
Müller, W. P. (2010). Träume verstehen. Leverkusen: Drachenmond.
Müller, W. P. (2012). Traumsymbole. Lexikon (2. Aufl.). Leverkusen: Drachenmond.
Petzold, H., Bubolz, E. (Hrsg.) (1979). Psychotherapie mit alten Menschen. Paderborn: Junfermann Verlag.
Pössiger, G. (1981). Traumbuch. München: Humboldt TB.
Röhr, H.-P. (2007). Narzissmus (6. Aufl.). München: dtv.
Sheldrake, R. (1983). Das schöpferische Universum. Die Theorie des morphogenetischen Feldes. München: Meyster Verlag.
van Lommel, P. (2009). Endloses Bewusstsein. Neue medizinische Fakten zur Nahtoderfahrung. Düsseldorf: Patmos Verlag.
Worden, W. J. (2011): Beratung und Therapie in Trauerfällen. Ein Handbuch (4., erweiterte und überarbeitete Aufl.). Bern: Huber Verlag.
Wunderli, J. (1976). Vernichtung oder Verwandlung? Der Tod als Verhängnis und Hoffnung. Stuttgart: Klett Verlag.

Edition Leidfaden

Monika Müller
Trauergruppen leiten
Betroffenen Halt und Struktur geben
2014. 124 Seiten, kartoniert
ISBN 978-3-525-40237-5
eBook: ISBN 978-3-647-40237-6

Trauernde Menschen haben vielfach keine Unterstützung in ihrem Umfeld. Aus Unwissenheit und Scheu vor den großen Gefühlen wehren Familienangehörige, Kollegen, Nachbarn und Freunde Klagen und andere Leidäußerungen ab. Der Rückhalt in einer Gruppe ist deshalb für die Hinterbliebenen, erst recht als ganz allein Zurückgebliebene, von großer Bedeutung. In einer Trauergruppe erfahren sie, dass sie nicht allein sind, dass sie richtig fühlen, dass sich Trauer verändert und leichter werden kann. Das Buch bietet eine konkrete Abfolge von Trauergruppen-Terminen an, die Gruppenleiter/-innen nutzen und variieren können. Arbeitsmaterial und Kopiervorlagen sind als Download verfügbar.

Matthias Schnegg
Erwärmen in der Trauer
Psychodramatische Methoden in der Begleitung
2014. 138 Seiten, mit 17 Abb., kartoniert
ISBN 978-3-525-40232-0
eBook: ISBN 978-3-647-40232-1

Gerade in Krisensituationen, und dies trifft insbesondere auf die Trauer zu, ist es wichtig, neue Perspektiven eröffnen zu können. Beispiele aus der therapeutischen und seelsorgerlichen Praxis zeigen die Möglichkeiten psychodramatischer Methoden in der Trauerbegleitung. Durch das »Erwärmen« kann die oft erstarrte und lebenskältende Trauer wieder zugänglich gemacht werden. Das Buch macht Mut zur Anwendung. Ein Glossar aus der Fachsprache des Psychodramas erleichtert den Einstieg in diese wieder ins Leben lockende Begleitform.

www.v-r.de

Edition Leidfaden

Marion Schenk
Suizid, Suizidalität und Trauer
Gewaltsamer Tod und Nachsterbewunsch in der Begleitung
2014. ca. 128 Seiten, kartoniert
ISBN 978-3-525-40238-2
eBook: ISBN 978-3-647-40238-3

Wenn jemand einen nahen Angehörigen durch Suizid verliert, hat er häufig mit Neugierde, Vorwürfen und Schuldzuweisungen aus seinem Umfeld zu kämpfen. Das macht die Trauer zusätzlich schwer. Die Beraterin und Sozialtherapeutin Marion Schenk zeigt Wege der Begleitung.

Eduard Zwierlein
Denken kann trösten
Trauer verständnisvoll begleiten
2014. ca. 128 Seiten, kartoniert
ISBN 978-3-525-40235-1
eBook: ISBN 978-3-647-40235-2

In der Trauerbegleitung findet sich im kreativen Bereich eine große Methodenvielfalt. Sie erweist sich meist als hilfreich für den Umgang mit Trauer. Zu kurz hingegen kommen oftmals ein reflexiver und denkerischer Zugang. Tatsächlich könnenphilosophische Texte Lebenshilfe sein und Trostpotenziale vermitteln.

Traugott Roser
Sexualität in Zeiten der Trauer
Wenn die Sehnsucht bleibt
2014. ca. 128 Seiten, kartoniert
ISBN 978-3-525-40233-7
eBook: ISBN 978-3-647-40233-8

Nach dem Ende einer tiefen Liebesbeziehung durch Tod oder Trennung gehen Menschen unterschiedlich mit dem Verlust der körperlichen Nähe um. Manche suchen recht bald einen neuen Partner, andere verlieren das Interesse an Intimität. Sexualität ist eine verschwiegene Seite der Trauer, die von Begleitern häufig nicht bedacht und von Trauernden aus Scham nicht benannt wird.

www.v-r.de